# STILETTO

# MY LEWE IN DIE SEKSBEDRYF

# STILETTO

## KARIN ELOFF
### EN MEDESKRYWER CAREL F. CRONJÉ

Tafelberg

*Vir Wanya*
*Omdat jy my geloof, hoop en liefde is.*
*K.E.*

Eerste uitgawe in 2009
Tafelberg
'n druknaam van NB Uitgewers, 40 Heerengracht, Kaapstad 8001

Eerste uitgawe, eerste druk 2009
Vyfde druk 2010

Uitgewer: Ansie Kamffer
Redigeerder: Theunis Engelbrecht
Proefleser: Deborah Steinmair
Omslag: Anton Sassenberg
Ontwerp: Gerhardt van Rooyen
Fotografie: Loanna Hoffmann
Gedruk en gebind deur: ABC Press, 21 Kinghall Avenue, Epping, South Africa
ISBN-13: 978-0624-04543-4

# INHOUD

# VOORSPEL

"Hoekom noem mense dit skaamlippe? Ek's nie skaam daaroor nie – daar's niks om oor skaam te wees nie," verklaar Karin sommer met die intrapslag.

Carel het nog nooit só aan die betrokke liggaamsdeel gedink nie. "Verwag jy 'n antwoord?" vra hy moedswillig.

"Nie eintlik nie," sug sy.

Carel is terdeë daarvan bewus dat Karin sy gesigsuitdrukking en lyftaal noukeurig bestudeer. Hoe dan anders? Hierdie is 'n noodsaaklike, verkennende gesprek; om die waarheid te sê, albei van hulle weeg mekaar steeds op – besluit of hulle kan saamwerk, of hulle wil. Om die ware verhaal te skryf oor die persoonlike reis van 'n vrou wat in die onderwêreld van die seksbedryf gewerk het, vereis wedersydse vertroue en eerlikheid, maar ook 'n objektiewe, kil Derde Oog. Veral as dele van daardie verhaal soos 'n riller lees.

"Wat jou vraag oor skaamlippe betref: Dis seker maar erfgoed," sê Carel. "Ons voorsate was mos 'n erg vrome, godvresende klomp – en dit het oorgespoel in hulle manier van praat en dink."

"Hulle't seker deur 'n gat in die laken genaai," merk sy op.

Carel lag. "Was jy nog altyd so uitgesproke?"

"I call a spade a spade," sê sy. "In die twilight zone van bordele is mans baie anders; weldeurdagte taalgebruik is nie ter sprake nie – jy kan jou seker voorstel. En ek praat van Afrikanermans. Die meeste van my kliënte was Boerseuns – doodgewone, alledaagse knape. 'n Mens wonder wat hulle ma's en pa's sou gesê het. Of hulle vroue ..."

Carel kyk na Karin. Sy het 'n oop gesig en fyn gelaatstrekke. Haar hare is donkerrooi slierte. Sy glimlag maklik en het 'n aansteeklike lag; sy praat in 'n heerlik rammelende stemtoon. Haar bottelgroen oë is groot en vol lewe. Sy beduie wild met haar hande wanneer sy praat.

"Wat is jou natuurlike haarkleur?" vra hy.

"Blond. Maar ek wou nooit 'n strooiblondine wees nie."

'n Blondine soos dié in die grappies is sy beslis nie, dink Carel. Hy wonder hoe en waarom Karin in die seksbedryf beland het. Ontkleedansery en prostitusie verg skaars die intelligensie of bekwaamheid wat 'n honneursgraad in sielkunde vereis. Die bedryf dui op 'n angswekkende skadubestaan vol dwelmmisbruik en geweld; dit staan beslis nie op die algemene lys van aanbevole loopbaankeuses nie. Wat het 'n geleerde Boeremeisie daar gaan soek? En watter pad het sy gestap toe sy Zoë die ontkleedanseres geword het – en daarna 'n erotiese masseuse in die Streelkasteel, wenner van die titel Mej. Hustler, redakteur van *Loslyf*, joernalis en ma van 'n dogtertjie?

"Wat kyk jy so vir my?" vra sy.

"Ek bedoel niks daarby nie," verseker hy haar. Sy het mooi, versorgde hande. Praktiese vingernaels. En 'n blouswart tatoeëermerk op die rugkant van haar linkerhand.

Hy wys daarna. "Het dit betekenis van een of ander aard?" vra hy.

Sy lag. "Ek het dit in Pietermaritzburg laat doen toe ek by 'n klub daar gestrip het. Die ou het gesê dis 'n Maori-simbool vir onsterflikheid. Wat ook al. Vir al wat ek weet, beteken dit dat my pa 'n plumber is, of iets – maar dit bly vir my baie cool."

8

"Het jy meer tattoos op jou lyf as net dié een?"

Sy draai om in haar stoel. "Verskeie," sê sy oor haar skouer. "Kyk."

"Wat staan op jou rug?"

"*Geloof, hoop* en *liefde*," sê sy en skuif rond sodat hy 'n gedeelte van *geloof* kan uitmaak. "*Hoop* staan onder dit, en *liefde* is daar waar my niere is. Ek sal jou een of ander tyd wys as jy wil."

"Toemaar, ek glo jou," grinnik hy.

*Geloof, hoop, liefde* – die getatoeëerde woorde op haar liggaam is groot; die lettertipe Goties, nes Gutenberg se Bybel.

"Hoekom het jy juis dít op jou rug laat tatoeëer? Wat het daartoe aanleiding gegee?" vra Carel.

"My begrip van grootword. Alles wat my gebring het tot waar ek nou is," antwoord Karin. "Geloof, hoop en liefde is my bestemming – dis my storie."

"Dan dink ek dis tyd dat jy hom moet vertel. En begin sommer heel voor, duskant die eerste draai." (Grootword loop altyd grondpad, het iemand eenkeer vir hom gesê.)

"So, sal jy my help om alles oop te krap?"

"Ja," sê hy. "Tot op die been."

Sy staar 'n oomblik by die venster uit.

"Dis reg," sê sy dan. "So, wat nou – hoe wil jy te werk gaan?"

"Gesprekke. E-pos. Gee my alles wat jy tot dusver het. Jy moet praat nes jy praat; skryf nes jy skryf – ek kan dit nie namens jou doen nie. Ek wil ook nie. Jy moet in jou eie woorde praat."

Sy aarsel. "Kan ek mense se name verander?" vra sy, skielik bekommerd. "Ek sal móét."

Hy dink aan al die skinderstories oor bekende akteurs, sportmanne, popsterre en sakemanne wat van strippers, masseuses, skootdanseresse en hoere se dienste gebruik maak.

"Hoekom wil jy hul name verander? Om die skuldiges te beskerm?" vra hy.

Sy haal haar skouers op. "Skuld of onskuld – wie bepaal dit? Ek is óók skuldig en onskuldig. Ek glo in eerlikheid en sal oor alles doodeerlik wees, maar ek gun van die betrokkenes hul privaatheid."

"Nes jy wil. Name? Die een is soos die ander. Ek weet seks is 'n moeilike onderwerp, en waar jy vandaan kom is die landskap seker nie aldag ewe mooi nie."

"Nee," beaam sy, "maar jy sal verbaas wees – jy kry onverwagse deernis in kroeë, klubs en hoerhuise. Seks kán mooi wees. Selfs waar 'n mens dit die minste verwag. Mense wil nie openlik oor seks gesels nie en aanvaar dit nie as 'n integrale deel van hul menswees nie. Dit word verkeerd geïnterpreteer – en dít is wat dit vuil en lelik maak. Dis asof dit 'n siekte is. Hoekom kompliseer mense altyd alles?"

"Dis 'n goeie vraag," grinnik Carel.

"So, is jy gereed vir die reis?" vra sy. "Dit is after all soos 'n trip op 'n rollercoaster ..."

# 1
# DUSKANT DIE EERSTE DRAAI

# 1. KISS ME ...

"Kiss me," sê hy dringend en lig my kop met albei hande van sy onderlyf af weg.

Hy praat Engels met 'n aksent omdat hy Spaans is. Hy is 'n danser wat my aan 'n Indiese tier herinner. 'n Mooi man met kortgeskeerde, rooibruin hare en diep, donker oë. Die besonderhede van sy lewe is nie belangrik nie – net dat sy gesig die lyne wys van iemand wat voluit leef en al dikwels grondpad gery het. Nes ek.

Sy naam is Abelardo.

Dis 'n sterk, ritmiese, musikale naam. Dit beteken "edele krag", het hy my vertel toe ek hom daaroor uitvra.

En ek is Karin, het ek myself voorgestel. Dit beteken "rein en suiwer".

Dis dans en musiek wat my en Abelardo bymekaar gebring het – 'n hunkering na herontdekking en ons soeke na onsself. Vyf dae lank, in Champaigne Valley in die Drakensberg, was ons deel van 'n groep mense wat die jaarlikse Biodanza-byeenkoms daar bygewoon het. Hulle verduidelik Biodanza só:

*Biodanza is a form of intervention intended to further health and well-being by encouraging self-expression and autoregulation through*

13

*music, dance and inter-action. It originates from South America and was developed by Rolando Toro.*

Ons het ons skadu's gedans, en ons lig – en uiteindelik het ek vir Abelardo gesien, en hy vir my. Hy kon sy oë nie van my afhou nie.

"Would you like to come swimming with me?" het hy my ná die laaste sessie van die dag genooi.

Natuurlik. Hy't sexy gelyk en ek het warm gekry.

Ons het van die ander weggedrentel, gesels, gelag. Sommer oor niks gesels.

Dis 'n voorreg om onsself te kan wees hier, sonder drank, sonder dwelms – sonder enige vorm van stimulasie behalwe dit wat van binne af kom.

En hier is ons nou. Ons nat lywe spook om warm te word in die maanlig. Gelukkig is dit hoogsomer en die verskil tussen swembad-water en sweet is net 'n paar minute …

Hoekom vertel ek jou hierdie storie?

Omdat Abelardo die eerste man was aan wie ek werklik my maagdelikheid met vergunning gegee het.

Wag, laat ek gou verduidelik. Hier volg die kort weergawe, ter inleiding: Naai is maklik. Dis 'n gekletter en 'n geraas en dit beteken minder as 'n sigaretstompie wanneer die hyg en suig verby is. Ek het dit al tot vervelens toe gedoen, met meer mans as wat daar dae in 'n jaar is. Ek het geleer om my emosionele self en my fisieke self te skei. Daardie aand, vir die eerste keer, het 'n man sonder voorbehoud na my uitgereik. Dit was wonderlik.

"Kiss me," het hy gesê.

Ons het liefde gemaak. Dit was dit. En toe dit klaar was, was dit klaar. Dit was 'n oomblik in tyd waar twee siele aan mekaar kon raak.

Die verskil tussen liefde maak en seks, myns insiens, is dít: Jy kan nie liefde maak as jy nie lief is vir jouself nie, en jy kan nie lief wees vir jouself as jy nie jouself ís nie. Hoe gee jy van jouself vir iemand as jy nie 'n begrip het van die waarde van dit wat jy gee nie?

Ek beskou nie my verlede as "diep" en "donker" nie – dis steeds 'n belangrike deel van wie ek nóú is. Ja, ek het foute gemaak. Baie. Maar ek hou van myself. Hier en nou, soos ek is. Ek het geleer dat ek nie verskoning hoef te vra vir wie ek is nie. Om sin aan jou lewe te gee, moet jy jouself kan wees. Ek glo dit.

Abelardo en ek het op wolke van selfliefde gesweef en dit met mekaar gedeel. Sy hande het aan my gevat soos dié van iemand wat lief is vir homself. Ek kon hom soen soos 'n vrou wat vir haarself omgee, wat nie verskonings maak vir haar seksualiteit nie. My orgasmes gee geboorte aan nuwe wêrelde in myself; dis 'n integrale deel van my wese en ek gaan nie jammer sê daarvoor nie.

Maagdelikheid gaan oor baie meer as net 'n vlies. Ek is dankbaar dat ek my maagdelikheid weer van vooraf op die ouderdom van 35 kon verloor. Ek het selfs die bewys gesien: die volgende oggend toe die son opkom, was daar 'n bloedmerk op die klippe langs die swembad.

Maagdelikheid is mý keuse; maagdelikheid hoef nie 'n fisieke toestand te wees nie.

*Ja, Abelardo: ek het myne vir jou gegee ...*

Miskien sal ek dié mooi man eendag weer êrens raakloop.

Wie weet?

## 2. IN DIE STAD VAN LIG, LIEFDE EN MONSTERS WAT IN KERKTORINGS BLY

Maagdelikheid is maar altyd 'n issue vir vroue.

Begin duskant die eerste draai, het Carel gesê. Maar ek wil graag eers 'n bietjie objektiwiteit probeer inwerk. Indien jy 'n verhaal oor jouself wil skryf, moet jy die vermoë ontwikkel om elke nou en dan uit jouself te kan klim en van bo af na jouself te kyk asof jy iemand anders is. Hulle noem dit die derde persoon.

Ek het dit by die befaamde Britse skrywer D.H. Lawrence in sy veelbesproke roman *Lady Chatterley's Lover* geleer. Beide die hoofkarakter en haar lover was om die beurt die derde persoon.

Wat maagdelikheid betref: wanneer weet jy vir seker jy's joune kwyt?

Was dit toe 'n meisie, ene Karin Eloff, een middag by haar ouma en oupa op die grasperk touch met haar niggies gespeel het en toe só hard op haar hak te lande gekom het dat daar bloed in haar broekie was? Selfs haar sussie sou vir die res van haar lewe die middag van die *bloed-in-die-broekie* onthou. Of was dit toe sy in graad een tydens 'n gimnastiek-oefening op die balk gestruikel het en hard met die ding tussen haar bene geland het? Daar was daardie dag óók bloed in haar broekie.

Dan was daar die keer toe sy begin menstrueer het. In graad nege eers. Die bloed het in dik, snotterige klonte saam met die warm water by die stort se drein afgespoel. Party stukke het teen die stort-bodem se teëls bly vasklou. Sy't daarna gekyk en baie bly gevoel dat sy nou 'n vrou is. En sy het gewonder of dit beteken dat sy nie meer 'n maagd is nie.

Kort daarna, in graad tien, het sy vir 'n maand Duitsland toe gegaan op 'n skool-uitruilskema, waar sy die mees fenomenale orgasme van haar lewe bereik het. Sy het tuisgegaan by 'n familie wat 'n agttienjarige tienerseun gehad het. En hy het supersexy, superjagse tienermaatjies gehad ...

Op een of ander wyse gebeur dit toe dat een van hulle in 'n gemeenskaplike gesuiptheid bo-op haar beland. Sy, op die naat van haar rug met 'n jean aan, haar bene effens oop en haar skaambeen (sonder enige skaamte) vorentoe hoog uitgestoot; hy, ook ten volle geklee, met sy groot ereksie wat met stadige, instinktiewe bewegings teen haar klitoris skuur.

Nou ja. Die geskuurdery moes iewers heen. Hulle was lankal verby die eerste draai en kort duskant fyndraai.

Die materiaal van sy jean, asook haar eie wat teen haar klitoris vryf – en sy stywe, vriendelike hupstootjies – het haar klammigheid deur alles tot in sy ontvanklike porieë laat sypel. Voor sy kon keer, het sy spasties begin ruk en gewonder of sy besig is om geboorte te gee aan wat sweerlik die lekkerste lekkerte was. Sy het besluit as sy nie nóú haar maagdelikheid kwyt is nie, dan kan hulle dit maar hou. Sy kon haar geensins voorstel dat penetrasie van enige aard lekkerder as broeknaai kon wees nie.

Die dag toe sy in biologiese terme haar maagdelikheid verloor het, het sy glad nie daaroor getwyfel nie. Dit het in Parys gebeur op haar twintigste verjaardag. Sy't au pair-werk in Nederland gedoen, maar wou haar verjaardag gaan vier in Parys, die stad van lig, liefde en monsters wat in kerktorings bly.

Alleen.

Maar toe werk dit nie so uit nie.

By die Fountain of Innocence het sy in die flou somersonnetjie gesit en fantaseer oor die verbygangers met hul dik, donker hare en Franse aksente toe hy skielik langs haar staan en haar iets onverstaanbaar in Frans vra. Sy kan nie onthou presies wat dit was nie, maar 'n Franstalige man het as tolk tussenbeide getree en aan haar verduidelik dat die knaap wou weet of sy 'n toeris is.

G'n wonder die Verenigde Nasies sukkel nie. Die hele affêre het hopeloos te ingewikkeld geraak en sy is tot vandag toe oortuig: *Much got lost in translation.*

Gelukkig het hy uiteindelik darem in baie gebroke Engels met haar begin praat.

Sy naam was Patrick Po.

Noudat sy met nostalgie daaraan kan terugdink, besef sy die man het so 'n klein, mak penissie gehad het – 'n regte ou voëltjie. En hy't aan kleinvoël-sindroom gely. Vir 'n eerste keer was dit egter gangbaar.

Hul gesprek was lagwekkend oppervlakkig. Vroegaand, toe sy na haar hotel wou teruggaan, het hy skielik 'n baie meer dominerende houding begin inneem. Hy't voorgestel dat hulle ietsie gaan eet. Sy was nie dom nie en het 'n onrustige, maar onweerstaanbare krieweling op haar maag begin kry.

Hy't haar vertel hy's 'n Spaanse akteur wat as tiener van sy huis in Spanje weggeloop het Frankryk toe en homself nou as akteur en musikant in Frankryk probeer vestig.

"What instrument do you play?" wou sy weet.

"A computer," het hy geantwoord.

Nee, regtig. Sy was naïef genoeg om verstom te wees toe sy hoor 'n mens kan musiek maak met 'n rekenaar.

"I will show you," het hy belowe.

Na ete het hy gesê sy moet vir 'n rukkie by hom kuier sodat hy vir haar sy rekenaarmusiek kan speel. Haar waarskuwingsliggies het begin flikker – sy het geweet dit sou baie onverantwoordelik wees om in 'n vreemde, temperamentele Spaans-Franse akteur se woonplek te gaan musiek luister.

Die reuk van seks het swaar in die lug gehang. En dit was meestal net van sý kant af. Maar, het sy in haar onnoselheid geredeneer, dit wás haar twintigste verjaardag en as sy nie nóú haar maagdelikheid verloor nie, gaan sy seker nooit nie.

Op pad na sy woonstel het hy haar hardhandig teen die muur van 'n ondergrondse tonnel vasgedruk en gesoen. Steeds het dit niks vir haar gedoen nie, maar die idee was tog opwindend – om 'n vreemdeling in Parys te soen gebeur nie elke dag nie. Daar was geweld in sy bewegings wat haar seker op 'n verwronge manier effens jags gemaak het. Hy't sy vingers in haar mond gedruk en sy een been hard tussen hare ingedwing.

Daar wás kans vir omdraai, maar sy't nie omgedraai nie.

Sy't die soort vrees vir die situasie gehad wat kinders vir die duiwel in die Kinderbybel het – hulle harte spring uit hulle kele; die godvresende betowering is angs- sowel as genotgedrewe.

Hulle *wil* kyk.

Sy *moes* voel.

Dit het op daardie oomblik 'n berekende besluit geword, want sy't geweet daar sou nie kans vir omdraai wees as sy eers by sy woonstel ingestap het nie. Toe sy oor sy woonstel se drumpel trap, het sy geweet sy't hom nou toestemming gegee om met haar te doen wat hy wil.

Hy't haar vasgegryp. Hy't 'n CD van die rockgroep U2 op sy rekenaar gespeel en die oomblik toe hy haar gepenetreer het, het die liedjie *One* gespeel.

Hy't haar met soveel krag platgedruk dat sy geweet het daar is geen kans om te ontsnap nie. Hy't haar in haar gesig geslaan en daarna gesoen, haar hare getrek en haar lyf kort-kort in 'n ander posisie gegooi.

*We're one, but we're not the same.*

*Did I disappoint you, leave a bad taste in your mouth?*

*Did you come here to play Jesus to the lepers in your head?*

het U2 gesing.

Toe sy hom uiteindelik vra om asseblief net meer sagkens met haar te werk omdat dit haar eerste keer is, het hy haar soos 'n besetene uitgejou.

"You lie, bitch!" het hy vingerswaaiend gekoggel.

Hy't vreemde goed begin sê en haar bang gemaak. Die gedagte het by haar opgekom dat sy dalk nie hierdie aand sou oorleef nie. Sy't paniekerig geraak, haarself begin verwyt en haar gedagtes in ander rigtings probeer dwing; sy't teruggedink aan die kere toe sy as klein dogtertjie haar Kupie-poppe op hul rubbervoorkopppies gesoen het, asof sy vir hulle lief was. (Dit het haar sussie gewalg. Hoe kon 'n mens liefde aan 'n rubberpop betoon? Maar daar was troos in die reuk van babapoeier.)

Die Fransman het haar teruggepluk na die hede, na die vrees-aanjaende seksspeletjie op die vloer van sy beknopte, vuil woonstel.

"I've pinned you down like a butterfly now," het hy in haar oor gefluister. "You are the ocean and I'm the rock."

Dit het haar onrustig gemaak. Miskien probeer hy net kinky wees, het sy haarself probeer gerusstel. *Miskien.*

"After I make love to them, I kill all my lovers," het hy gehyg.

Sy was nou heeltemal beangs. "Please ... please take me back to my hotel!" het sy gesmeek.

Hy het ingestem, op voorwaarde dat sy eers 'n perske eet terwyl hy toekyk en masturbeer.

Nee. Sy kon nie.

"I'm not hungry," het sy gesnik. Sy wou net alleen wees. Sy't pas haar maagdelikheid opgeoffer, dit prysgegee. Meer as dit: dis met brutaliteit van haar weggeneem.

"WHY YOU SUCH A CRY BABY???!!!" het hy skielik soos 'n besetene op haar geskree.

Sy wou bad, hom met seep van haar afwas. "Please take me back!" het sy gehuil.

Na wat soos 'n ewigheid gevoel het, het hy haar teruggeneem hotel toe. Haar lyf het geskud soos sy huil toe sy haar kamerdeur in die vroeë oggendure agter haar toedruk.

"Ag, dankie, dankie, dankie ..." het sy geprewel.

Sy was veilig.

Sy was alleen.

Hoekom, het sy haarself tot vervelens toe afgevra, *hoekom* was jy so fokken stupid?

Sy het in 'n vreemde stilte in die bad gesit. En skielik dood gevoel. Gestroop van emosie. Sy wóú niks voel nie. Ure lank het sy hom van haar afgewas. Geskrop. Oor en oor.

En geleer om niks te voel nie.

Dit sou haar later nog nuttig te pas kom: kaal tot op die been – uitlokkend, maar sonder aansit, sonder emosie, sonder oordeel, sonder betekenisvolle gevolge.

Sy was bly sy was nie meer 'n maagd nie, maar sy't nie van seks gehou nie. Dit het haar seer gemaak. Sy't verlang na die warm, omarmende broeknaai-orgasme in Duitsland, maar in haar hart het sy geweet: 'n mate van geweld sou van toe af 'n rol in haar seksuele ervarings moes speel. Elke keer sou dit seer genoeg moes wees om soos die eerste keer te voel. Dit het 'n vreemde soort godvresende betowering vir haar ingehou.

'n Week lank het sy in die strate van Parys rondgedwaal en ge-wonder of mense kon sien dat sy nie meer dieselfde mens is nie. In haar drome kon sy voel hoe Patrick Po aan haar vat. Sy kon sy asem en sy lyf ruik. Die hol kol op haar maag waarmee sy elke oggend wakker geword het, was nie van honger nie.

Maar die drome het mettertyd vervaag. En sy was steeds 'n

maagd, het sy besluit. Sy het haar voorgeneem: *Niemand* sou haar maagdelikheid van haar wegneem nie.

En al het sy later in die seksbedryf beland, sou sy 'n maagd bly. Penetrasie sou dit nooit verander nie ... totdat sy sou besluit om dit uit vrye wil aan iemand te gee.

En dit sou toe ook 'n Spanjaard wees.

Toevallig?

# 3. SUBURBIA

Ek is 'n Broederbond-baba wat met dubbellaag-toiletpapier en fluoriedpilletjies grootgeword het.

Ons huis was 'n plek wat volgens 'n rigiede roetine gefunksioneer het. Daar is tydens my vormingsjare groot aandag gegee aan elke moontlike aspek van opvoeding, behalwe ball sense.

(Dít sou ek eers heelwat later kry – maar nie die soort waarop my ma sou trots wees nie.)

My eerste herinnering is van my sussie wat eendag die bliksem in was vir my.

Ek het met haar naaimasjientjie gespeel. Dit was 'n Fisher Price-speelding, nogal van 'n goeie gehalte. Dit was nie elke dag dat ek die geleentheid gekry het om met haar goed te speel nie, maar om een of ander rede het ek daardie dag die kans gehad. Ek moes nog baie klein gewees het, want ek het binne-in die uittreklaai onder haar bed gepas; ek kan onthou dat ek nog in doeke was, want my boude was gepad, of miskien was ek net vet!

Skaars het ek in my eie, heerlike naaimasjien-wêreldjie verdwaal toe 'n koddige, klein donkerkop-krullebol die kamer binnestorm. Oukei, ek erken: dit wás haar kamer, after all. Sy moes seker drie of

23

vier jaar oud gewees het, want die lyfie was nog tipies baba: ronde magie, ronde wangetjies en kort, stomp bewegings. Ek kan glad nie onthou wat sy gesê het nie, want ek het nog nie Afrikaans gepraat of verstaan nie. Maar dit moes moerkwaai geklink en moerkwaai gelyk het om só 'n indruk te laat. Haar vuisies was gebal en haar vet armpies het woes soos 'n windmeul gedraai. Haar een kort, vet beentjie het die ritteltits gekry – soos Elvis Presley s'n in sy vroeë jare. Ek het natuurlik nie 'n benul gehad wat aangaan nie en sy het beslis nie *Heartbreak Hotel* gesing nie, maar ek kan baie goed onthou dat die intensiteit van haar reaksie my totaal gefassineer het.

Dit was my eerste kennismaking met woede. Wow, hoe interessant, het ek gedink.

Toe ek 'n bietjie ouer was, het ek gewoonlik vroegoggend na my ma-hulle se kamer gesluip en dan op die bed gespring en geskree ek is die Pink Panther. Daarna, nadat my pa weg is werk toe, het ons my ma gehelp om die beddens op te maak en die melk en lemoensap by die voordeur gaan haal. Daai tyd het die melkery nog 'n karretjie gehad wat teen sonop als voor die hek afgelewer het – en niemand het dit gesteel nie.

My ma se kamerjas was maroen en al die sakke was vol opgefrommelde sneesdoekies. Haar neus het seker maar baie geloop. Laatoggend het ons *Siembamba* geluister. Elke dag was Tannie Susan en Otterjasie 'n hoogtepunt. Ek en my kwaai sussie was selfs eenkeer ateljeegaste op die program. Ek het die maatjies vertel van die Mac-Mac-waterval, die Bruid se Sluier en toe *Koljander-koljander* gesing. Dit was my eerste openbare optrede.

Ek onthou dat ek op drie reeds 'n woord vir orgasme gehad het. Dit was só grusaam dat ek dit nie eers hier wil herhaal nie. Nee, ek gaan nie – maar dis baie soos die Franse se *Little Death*.

*Little Death*? Ek het nóú nog nie 'n idee waar ek dít vandaan gekry het nie. Hoe ek my orgasmes met 'n soort doodgaan verbind het, weet die Here alleen. Het dit dalk iewers uit die kollektiewe onderbewuste gekom? 'n Vorige lewe waarvan ek onbewustelik bewus was? Wie sal weet?

Ek dink ek en my sussie het albei van kleins af 'n sterk verbintenis met daai kollektiewe reservoir gehad. Sy't sommer een oggend vroeg doodkalm vir ons vertel: "Oumie is dood."

Toe ons huistelefoon laatoggend lui, was dit presies die nuus wat aan my ma oorgedra is.

My sussie se verklaring? Sy't dit gedroom.

Ons het baie rondgetrek voor ek skool toe is. In 'n stadium het ons 'n huis gehad met 'n groot agterplaas; daar was 'n enorme heuwel waarby ons altyd afgerol het. Dit was ook hier waar ek my eerste kat gekry het. 'n Swarte. Sy naam was Ponti, genoem na Carlo Ponti, die stylvolle Italiaanse aktrise Sophia Loren se man.

Ek onthou vividly hoe ek Ponti vir die eerste keer onhandig opgetel en op my bed neergesit het. Daar het swart merke agtergebly. Bleddie kat. Ek was ontsteld omdat hy sy kleur aan my beddegoed afgesmeer het. Hoe moes ek geweet het katte se verf kom af? My ma sou die supermoer in wees!

Ek het Ponti van my bed af verwilder en was baie kwaad vir hom. Ek het eers later jare besef dit moes die swart politoer van my spieëlblink kerkskoentjies gewees het en nie die arme kat se verf nie. Ek het natuurlik met my skoene op die bed geklim om hom te verjaag, so jy kan jou voorstel hoe my bed op die ou end gelyk het.

My ma wás absoluut die supermoer in. Shame. Ponti het uiteindelik weggeloop. Hy was maar 'n rondloperkat, het my ma getroos.

Dit val my nou by ons het ook ongoddelik stywe, wit kouse saam met die spieëlblink skoentjies kerk toe gedra. Dit was so styf om my bene dat ek my op die ouderdom van vier al oor spatare begin bekommer het. Ek het mos gesien hoe lyk party ou tannies se bene: vol pers strepies wat soos paaie op 'n padkaart oor hulle kuite kronkel. Dit kon net as gevolg van daai stywe kouse wees.

Ek en my sussie kon lank voor skool lees en skryf. My ma het die noodsaaklikheid van taalvaardigheid baie ernstig opgeneem – iets waarvoor ek haar ewig dankbaar sal wees. Ek het as gevolg daarvan later deur skool en universiteit geseil. (Behalwe vir graad een.)

Ons het ook 'n boks vol wiskundige speletjies gehad wat my ongelukkig nie rasend van opgewondenheid gehad het nie. My ma het egter gesorg dat ons speelgoed stimulerend was: vergrootglase, ontkiemende boontjiesade, klippies, Kupie-poppe en blikke vol knope.

Ek dink ek was drie toe ons 'n TV gekry het. Ek en my sussie het altyd met groot oë voor die TV na die toetspatroon gesit en staar. Toe die letters begin rol, het ons soos blits ons speelgoed en blokkies weggepak – dit was tyd vir die TV om te begin! Ons is toegelaat om *Haas Das*, *Redding Internasionaal* en *Die Muis van Mars* te kyk. Heelwat later ook *Dallas*, hoewel dit kwansuis net vir grootmense bedoel was. Ek het anyway nie verstaan wat hulle sê nie. My pa was 'n groot fan.

My eerste crush was op Piet die Weermuis, Haas Das se regterhand. Ek weet nie hoekom nie, maar ek het hom net kwaai gelaaik. Ek het selfs 'n Piet Weermuis-hangertjie gehad.

My volgende groot crush was op Wilma van *Buck Rogers in die 21ste eeu*. Sy't altyd sulke cool, stywe, blink outfits gedra. Daarna was dit die Australiese sangeres Olivia Newton-John. Ek het veral van haar legwarmers en sweatband gehou. Dis nie dat ek enigsins homoseksuele neigings getoon het nie; ek dink elke dogtertjie raak verlief op iemand wat sy hoop sy sélf eendag sal kan wees.

Maar ek het toe helaas nie Olivia Newton-John geword nie.

Die eerste man op wie ek verlief was, was my pa. Hy was my prins. My ma het partykeer toegelaat dat my pa ons bad en ek onthou hoe sagkens hy met my en my sussie gewerk het. As hy my nat hare moes uitkam, het hy dit nooit getrek nie. Dit was ongelooflik belangrik; hy't my nooit seergemaak nie.

Die volgende man op wie ek smoorverlief geraak het, was die Amerikaanse popsanger Donny Osmond. Ek was daarvan oortuig dat ek eendag met hom sou trou, al het hy in Amerika gebly. Asof dít nou saakgemaak het! My liefde vir hom het my laat glo dat ek tot alles in staat was – selfs al moes ek soontoe swem. Ek het onderhoude met myself begin voer in my kamer oor my verhouding met Donny, waarin ek Engels met 'n Amerikaanse aksent probeer praat het. Die res van die gesin het agter die toe deur gestaan en lag vir my. Hulle het seker gedink dis oulik en skreeusnaaks. Ek was goed bek-af toe ek uitvind. Hoe kón hulle vir my lag? Sies.

Alles is gedoen wat met ons gedoen moes word: My ma het ons gereeld tandarts toe gevat, daar's saans vir ons stories gelees en ons is goeie maniere geleer. Ek het nie eens één keer in my broekie gepiepie nie, sover ek kan onthou. Toe ek in graad een was, het my ma besluit ek moet klavierlesse neem. Dit sou my dissipline leer, my diepliggende musikaliteit ontgin, verfyn en poleer. My nader aan Donny Osmond bring …

Ek het nie vir dáái een geval nie, maar nogtans ingestem. Ek het tot in graad sewe met die klavier deurgedruk – lank nadat my Donny Osmond-fase so oud en deurgelees soos laasweek se *Huisgenoot* was. Ek het gevorder tot op die vlak van graad vyf met Unisa se praktiese eksamens. Ek het ook viool gespeel tot op die vlak van graad drie. (En nee, dit het nie soos 'n martelende tandetrekkery geklink nie.)

Toe die tienerjare my soos 'n bolhamer tref, wou ek natuurlik niks meer van dié klassieke kak weet nie – dit was so uncool soos bril dra of etterpuisies op jou voorkop. My ma-hulle het my verseker dat ek eendag bitter spyt sou wees indien ek ophou, maar my redenasie was dat ek dit altyd later as 'n volwassene sou kon hervat as ek wou. (Verlede jaar, toe die gogga my wragtig weer byt, het ek besluit: Now for something similar, but completely different. Ek speel nou tjello.)

Ek moet sê ek het op laerskool in fact sulke goeie maniere gehad dat ek eenkeer sommer my hand opgesteek het om vir die juffrou te vra of ek elders in die klas kon gaan sit omdat ek nie langs 'n dom seuntjie wou sit nie.

Hoe het ek geweet hy was dom?

Sommer. Hy wás net. Dit was mý besluit.

Ek hét mos asseblief gesê, juffrou ...

My ma het in die Montessori-onderwysmetode geglo, en daar was nie daai tyd baie sulke kleuterskole nie. As gevolg daarvan was ek nooit in 'n kleuterskool nie. Toe ek in graad een kom, het ek glad nie die rympies geken wat die ander kinders reeds in die kleuterskool geleer het nie, maar ek kon skryf en lees. My ma het my nie gedruk om soos 'n baba te skryf nie, dus kon ek goed skryf, maar ai – my handskrif was lelik; daar was niks soos netjies sag op en hard af met die potlood by my nie. Dit was seker meer van 'n gekrabbel, want niemand kon dit lees nie. Ek het graad een toe amper gepluk omdat ek nie die simpel kleuterskoolrympies geken het nie en omdat my handskrif gelyk het asof 'n dronk spinnekop in ink geval en al struikelend oor 'n bladsy geskuifel het.

In graad twee het ek my eerste pak slae in die skool gekry. Ek het "Johannesburg" met twee J's gespel. Die juffrou wou weet of ek probeer snaaks wees, maar ek kon nie verstaan wat sy bedoel nie. Later daai jaar het ek haar telraam gebreek en amper 'n maagsweer daaroor ontwikkel. Ek wou nie stout wees nie; ek wou alles net-asseblief-tog reg doen. Soet kinders gaan mos eenvoudig makliker deur die lewe. Almal kon dit mos sien. Niemand hou van 'n ongeskikte, lui kind nie.

In graad vier moes ons vir die ouens op die grens briewe skryf as deel van een of ander projek, en hulle het selfs vir ons teruggeskryf. Ek het geen idee gehad wat op die grens aangaan of dat die ouens vir wie ons geskryf het by geleentheid doodgeskiet of opgeblaas is nie. Ek onthou net hoe teleurgesteld ek was omdat ek gereken het dat die ou wat vir my teruggeskryf het nie baie goed kon spel nie.

Ek het selfs onderhoofmeisie van die laerskool geword.

Wil jy nou meer.

My ma was baie streng met ons en het nie toegelaat dat ek my beenhare skeer of sykouse dra nie. Die seuns het my dikwels gespot oor my lang beenhare. Dit was verskriklik. Sykouse was totally die in-ding toe ek in graad sewe was. Jy was regtig hipercool as jy sykouse gedra het. Ek onthou dat ek briewe vir my ma geskryf het waarin ek haar behoorlik vir 'n paar sykouse gesmeek het, maar sy wou niks weet nie.

Vroeg ryp, vroeg vrot, was haar mening. Daar was dus nie hoop vir my nie, het ek gedink.

Maar die hoop beskaam nie. Een Saterdagmiddag in graad sewe het ek in die bad gesit. My sussie, wat toe al in die hoërskool was, het by die badkamer ingevlieg en vir my 'n skeermes deur die lug gegooi voor sy weer daar uit is.

Jis, thanks, het ek gedink – maar wat de fok nou? Ek was baie opgewonde, maar het nie 'n idee gehad wat om presies volgende te doen nie. Hoe skeer 'n mens beenhare? Ag, wat. Hoe moeilik kan dit tog wees?

Toe skeer ek sommer alles af, die helfte van my vel inkluis. Ek het soos 'n padongeluk gelyk, maar was ekstaties gelukkig: die seuns sou my nie meer spot nie. Uiteindelik was ek méér as net 'n koek en 'n akademiese wrak; ek was 'n koek én 'n akademiese wrak met gladde bene. En skraapmerke.

Daar was darem een of twee seuns in die laerskool wat van my gehou het. In graad sewe het ek aan die skool se operette deelgeneem en verlief geraak op Tiekie die Nar. Ons is toe gekys. Hy't vir my 'n klein, rooi satynhartjie gestuur via Mienkie, die skooltert. Ek het nie veel gedink van hierdie kys nie. Ons het dan nie eers met mekaar gepraat nie! Kommunikasie was regtig 'n probleem. Watter kys het 'n kans gestaan as 'n mens net skaam-skaam loer? Wat was die knaap se probleem?

Mienkie was my verhoudingsraadgewer. Haar raad aan my was: "Sê net vir hom jy's gatvol vir hom – dis al."

Die kys is toe uit.

Toe's ek met 'n ander outjie gekys wat vir my pouses groen Super M-melkskommels gestuur het. Dit was cool en alles, maar weer eens het die gebrek aan kommunikasie my gepla. Ten minste was die Super-M's 'n beter deal as simpel satynhartjies. Ek het van sy praktiese aanslag gehou.

Sondae het ons kerk toe gegaan, katkisasieklasse geloop, koerant gelees en gebraai, soos wat die meeste voorstedelike Afrikaanse gesinne gedoen het (en nog steeds doen).

In die hoërskool het ek stadig begin om myself te word. Dit was in die 1980's. Teen die agtergrond van die Noodtoestand en die laaste stuipe van die Bosoorlog het alles oor politiek gegaan. My ouers was aktief by die politiek betrokke, *Vrye Weekblad* is gestig en daar was baie integrasiegroepies op skool om ons aan swart kinders bloot te stel. Omdat ek nie sport gedoen het nie, het ek by die politieke en kultuurorganisasies van die skool aangesluit.

Graad agt was vir my 'n baie ongelukkige jaar. Ek was smoorverlief op 'n outjie met punk-hare en bad-ass maatjies. Hulle was waarskynlik vir die derde jaar reeds in graad agt. Hulle stemme het al gebreek. Hulle was dom, maar sexy – sommer omdat hulle ouer en jagser as die res van ons was. My hart het gebreek toe Die Punk aankondig hy en sy gesin trek Kaap toe.

My storm en drange het my toe sommer genoop om van die huis af weg te loop. Ek het geglo my ma druk my akademies te hard en sy't boonop durf dink Die Punk is tydmors. Ek het baie seergemaak gevoel omdat sy nie my liefde vir hom ernstig wou opneem nie.

Die hele skool het uitgevind ek het weggeloop, want ek het – wait for it – skóól toe weggeloop.

Moenie lag nie. Dit was erg.

Ek het nie huis toe gegaan die middag ná skool soos ek moes nie. Ek wou eerder by die skool bly, want daar was die betrokke aand 'n sokkie waar ek Die Punk sou kon sien. My ouers was rasend van bekommernis. Ek het in die skool se kleedkamers weggekruip. Die hoofmeisie het my probeer ompraat om huis toe te gaan. Ek was in 'n toestand. My lewe was volgens my 'n doodloopstraat. Die Punk was byna op pad Kaap toe en my ma was van plan om my te hok omdat ek nie genoeg na haar sin akademies presteer het nie. My lewe het geen sin meer gehad nie.

'n Ruk tevore het 'n matriek-ou my in een van die gange vasgekeer en my vertel ek's lelik en toe vreeslik lekker daaroor gelag. Ha-ha-ha. Ek't 'n bril gedra en was doodskaam daaroor. Die Punk was die enigste mens op hierdie planeet wat gedink het ek's mooi. Hy't my dit gesê. Ek het hom geglo. En nou word ek nog van hom weggehou op die vooraand van hulle trek Kaap toe. En hoekom? Omdat ek moet swot!

Wel, fok julle.

My pa het my uit die kleedkamers kom haal. Hy't sy arm om my skouer gesit, my na ons kar toe gelei en vir my gesê: "Ek's teleurgesteld in jou."

Ons het in 'n doodse stilte huis toe gery.

Toe ek by die huis instap, het ek gedink my ma gaan bly wees om my te sien. Ek het gedink sy sou verstaan en ophou om my akademies so te druk. Sy't net gesê sy wil my nooit weer sien nie. Sy was natuurlik emosioneel gedreineer en wou ook maar net 'n goeie ouer wees, maar ek was platgeslaan.

Die res van graad agt was doodvervelig. Graad nege ook. Ek het darem mettertyd 'n ander bron van opwinding ontdek. My sussie het met 'n bitter slim outjie uitgegaan en ek was van die begin af doodverlief op hom. Sy't gesê hy gaan nog eendag ons land se president word. Sy naam was Chrissie. Chrissie Mulder. Later het hy Chris Chameleon geword en baie mooi plate gemaak, soos hy dit noem.

Somehow het ek deur my hele hoërskoolloopbaan aan Chrissie se bestaan vasgeklou. Ek het hom drie jaar lank net dopgehou, tot hy uit die skool uit is. Sy bewegings en belangstellings het my gefassineer. En my hoop gegee. Hy was ook "anders" en ek het gesien hoe sukkel hy daarmee. Ek was dus nie die enigste kind wat nie kon inpas by die res van die kinders wat net in netbal en rugby belanggestel het nie. Ek was 'n nerd met 'n free spirit. Chrissie ook. Daar was nie plek vir kinders soos ons op skool nie. Elke keer as hy net in my rigting gekyk of met my gepraat het, het al die verkeerde woorde en gesigsuitdrukkings uitgekom. Ek het nie geweet hoe praat 'n mens met so 'n slim, sexy ou nie. Ek het wet dreams oor hom gehad.

Selfs toe hy klaar was met skool en ek nog twee jaar oor gehad het, het ek net aan hom gedink. Ek het nooit weer met iemand anders op skool uitgegaan nie. My ma sou my in elk geval nie toegelaat het nie, want ek moes net swot. Daar was nie tyd om met seuns "behep" te raak nie, soos sy dit gestel het. My obsessie met Chrissie Mulder het my hart en my hoërskooljare volgemaak; sy doen en late was motivering genoeg om op te staan en aan te gaan. Elke dag.

Ek het naderhand nie geweet hoe ek óóit by iets soos 'n normale verhouding of by seks met mans sou uitkom nie. Ek was dan so skaam! Op 'n dag het ek moed bymekaargeskraap en my biologiejuffrou gevra of 'n man se penis soos 'n hond s'n lyk. Ek het eenkeer 'n hond se stywe pienk polonie gesien en my morsdood gegril.

"Ja, Karin," het sy geantwoord, sonder om te blik of te bloos.

Eeeeeeuuuuuu …

Ek het toe maar besluit ek wil asseblief tog net nóóit seks hê as dít is hoe 'n penis lyk nie.

In matriek was ek toe veronderstel om belydenis van geloof af te lê in die Gereformeerde Kerk, maar ek was nie heeltemal seker wat my geloofsoortuiging was nie. Ek en ons dominee het nie so lekker langs dieselfde vuur gesit nie. Ek het een Sondag in die katkisasieklas die woord "evolusie" genoem en moes toe hoor: "Ek sien swarigheid vir jou as jy súlke idees het."

Ons moes die Heidelbergse Kategismus memoriseer sonder om te verstaan wat dit beteken, en ons moes dan voor die hele kerk gaan verklaar dat Jesus Christus ons enigste Verlosser is.

Maar ek het dit nie geglo nie.

Ek het nie geweet presies wát ek glo nie, maar ek was oortuig dat die god waarin ék geglo het nie so dom of eng soos die kerk se groot geeste was nie.

'n Wêreld se verskille het tussen ons gelê.

Een middag na skool het ek oudergewoonte by ons eetkamertafel gesit en koerant lees toe alles vir my net te veel word. Op die voorblad was 'n foto van 'n swart man wat tydens onluste in die townships met 'n spies deurboor is. Die ding het aan weerskante van sy lyf uitgesteek. Ek het in trane uitgebars en my ma het nadergestorm en gedink ek huil oor die foto, maar eintlik het ek gehuil omdat ek die komende Sondag voor 'n kerk vol mense sou moes staan en lieg. In 'n koekerige, roomkleurige pakkie. Darem met sykouse aan. (Halleluja.)

Dit was te laat vir omdraai, want Ouma en Oupa sou na die tyd vir koek en tee opdaag. Die aankondiging van 'n algehele ommeswaai in my gemoedstoestand en geloofsoortuiging sou nie baie goed by hulle afgaan nie.

*Druk maar deur, my kind. Jy sal nooit spyt wees nie. Ma is baie trots op jou …*

Ek hét toe daar gestaan en lieg.

En daarna opgehou om kerkdienste by te woon.

Ek was nog steeds 'n koekerige dogtertjie in murg en been wat elke dag getrou my huiswerk gedoen het en goeie maniere gehad het en só skaam vir die manlike geslag was dat my wange begin bewe het as ek met hulle moes praat.

Siestog, sussie.

Teen dié tyd wil jy seker weet: hoe de moer het ek myself dan vir langer as ses jaar aan die seksbedryf oorgegee?

Want ek kon. Ek wóú.

Ek kan dit nie anders stel nie.

Want ek het geleer om braaf (of is dit dalk dom) genoeg te wees om my eie antwoorde te gaan soek.

Want ek wou gaan kyk wat aan die donker kant van suburbia broei, wat gebeur as die ligte afgaan.

En waarheen val jy wanneer jy oor die randjie trap en die duisternis in tuimel?

Ek het geweet lig is altyd deel van die donker en donker is altyd deel van die lig. En ek het geweet daar is nie iets soos net één waarheid nie.

Ek het altyd geweet ek sou weer kon terugkom, al sou dit nie onveranderd wees nie. Ek wil nie eendag 'n vyftigjarige voorstedelike huisvrou of loopbaangerigte ysterkoei wees wat al dekades getroud is met 'n bleskop-boepensman, die gemiddelde 2,5 kinders het en dan skielik rooimiere kry en 'n volskaalse vloermoer gooi nie. Of tot in my siel toe depressief raak omdat ek meteens besef ek het nooit regtig my jeug beleef of geniet nie.

O nee. Ek het my wilde kant gaan verken ...

# 4. GEE JOU HART VIR HILLBROW

Johannes Kerkorrel se song het nog al die jare die vrees, die ver-
latenheid en die boheemse funkiness van dié plek daai tyd vir my
vasgevang; ek kon rêrig verstaan wat hy bedoel.

Ek het dit beleef, aan my lyf gevoel, dit geruik en ingeasem soos
wat 'n mens sigaretrook intrek.

Hillbrow.

Hoe het 'n koek van Linden daar beland?

Ek het altyd gewonder hoe anders die Eloffs was as daar 'n verge-
lyking getref sou word tussen ons en die talle tipiese godvresende
Afrikaanse huisgesinne wat hulle kinders na Hoërskool Linden ge-
stuur het. Almal van ons het tog op 'n daaglikse basis met mekaar
te doen gehad.

Ons was seker nie veel anders nie. My pa was 'n rekenaar-
programmeerder, 'n regte computer geek, en my ma 'n huisvrou.
(Die tuisteskepper.) Skuins oorkant ons het 'n snaakse bierboep-
omie en sy vrou gebly. Sy het so 'n byekorfgedoente vir 'n kapsel ge-
had. Hulle twee kinders was vieslike brats, sulke snotneus-vuilbekke.
Maar ons moes Sondae in die kerk gedienstig oor en weer vir me-
kaar glimlag. Ons kon almal net sowel karakters in *The Simpsons*
gewees het.

Kyk, daar was goeie tye en daar was slegte tye by die Eloffs. Sadly, soos ek ouer geword het, het die slegte tye langer geword en die tussenposes korter. Of ek het dit net al meer en meer begin besef soos my begrip mettertyd ontwikkel het. Daar was 'n tyd toe my ma haar huistake met 'n geneurie verrig het; sy't baie gelag en ons het altyd lekker saamgelag. Maar later was daar nie meer musiek wat as klankbaan vir die goeie tye gedien het nie. Niemand het meer gelag nie. Daar was nie eers meer tussenposes nie; die slegte tye het aaneengeloop.

Ons huis was 'n woestynslagveld vol kak, hare en lyke waar eens liefde en geluk was. Ek het nooit skoolmaats huis toe genooi nie; ek was te bang hulle gaan skinder by hulle huise daaroor. *Ma, Karin se huis is genuine hel …*

Ek het eerder by my vriende gaan kuier. Wanneer my ma my toegelaat het. En oor die toestande tuis gelieg: *Nee, tannie, ons huis is 'n lekker plek!*

Tydens my matriekeksamen het my pa een aand by my kom sit terwyl ek geswot het en aangekondig hy het besluit om van my ma te skei. Sy tydsberekening was nie van die beste nie, maar ek was verlig. Amper bly. Miskien sou dit 'n einde bring aan die emosionele grofgeskut en die gekonsentreerde daaglikse bombardement.

Dit het nie. Dit het net erger geword en my ma se skreeuery onuithoudbaar.

Ek was dus desperaat om so vinnig moontlik ná skool uit die huis te kom. Sommer ver weg. En al was Hillbrow slegs tien minute se ry van ons huis, was dit ver genoeg.

Al die weirdo's, artists, misfits, pinks-addicts en runaways het soontoe uitgewyk.

Glo my, ek het tuis gevoel daar.

Ek het eenvoudig vir my ouers gesê God roep my soontoe en dat ek 'n sendeling by 'n uitreik-aksie in Hillbrow gaan word. My ouers het belangriker dinge gehad om hulle oor te bekommer as dit waarmee ek my besig hou. Tuis het dit redelik beroerd gegaan: my ma het 'n ineenstorting gehad en in 'n inrigting beland. Sy kon nie glo haar man skei haar nie.

Die Christen-aksie waarby ek aangesluit het, was geweldig militant. Nadat die sogenaamde dominee my en 'n ander meisie betas het en daar vir my gesê is ek loop soos 'n koei op hitte rond, het ek van hulle af weggehardloop na 'n ander uitreik-aksie wat meer spiritueel as Christelik was. Daar was nie dieselfde veroordelende element wat ek by die Christene beleef het nie. Ek het heelwat veiliger gevoel. En onmiddellik tuis.

*Shelter for teenage runaways and drug-addicted prostitutes*, het die bordjie by die voordeur gesê.

Die plek is deur 'n Afrikaanse egpaar bedryf wat my meer oor die lewe geleer het as wat ek in twaalf jaar op skool geleer is. Die eerste ding wat ek geleer het, is: *Don't fix it if it ain't broken*. Dit het ongelooflik sin gemaak. As iemand nie jou hulp wil hê nie, moenie gaan staan en arrogant wees en hulle psige met jou hogere, alleswetende reddingspoging verkrag nie. Los hulle uit!

Ons het dus net hulp verleen aan dié druggies wat hulp wóú hê. Niemand is gedwing om uit te droog as hulle nie wou nie. Die hulp was eenvoudig die voorsiening van skoon spuitnaalde en 'n plek om te bad en te eet vir druggies, asook kondome vir prostitute. Dit was nie 'n rehabilitasiesentrum nie. Die benadering was *if you have to do it, do it responsibly*.

Ek was 'n kuis agttienjarige. Ek het nog nooit met dwelms te doen gehad of dit gebruik nie. Ek was eintlik self net besig om van die harde realiteit van my ouers se bittere egskeiding te ontsnap.

Maar kort voor lank was ek moerse nuuskierig oor hierdie donkerrooi, bloederige newel van sleaze en kreatiwiteit wat Hillbrow was. Ek het 'n beheptheid met die onderwêreld ontwikkel, want dit het die donker, emosionele draaikolk binne my weerspieël. Ek het daarmee geresoneer.

My herinneringe aan Hillbrow is half surrealisties: 'n pink-addict wat in ons badkamer bloed teen die mure laat spuit; die TV-program *Carte Blanche* se kameraspanne; ek en die ander meisie wat daar gebly het wat voor die kamervensters saans op die musiek van Frank Duval dans terwyl eensame enkellopende mans in hul karre stadig in die straat verby ry op soek na een van die prostitute wat voor op die sypaadjie uithang; of ek en sy wat net stil langs mekaar sit in die aandwind wat na die stank van besoedeling, daggarook en vryheid geruik het; ons wat glasbottels teen mure stukkend gooi om aan ons innerlike verwarring uiting te gee; 'n gangster wat daar instorm en ons vertel van die Thrupps-bende waarvan hy lid is; 'n addict wat my probeer verkrag en al wat ek kan uitkry is 'n geskokte gegiggel (gelukkig kon ek wegkom met net 'n effense skeur in my broek).

Ons het van Fontana-hoender en Creamy Hot Chocolate by Café Three Sisters geleef. En ek het op Jacques verlief geraak.

Jacques (ek kan nie sy van onthou nie) was 'n voormalige polisieman wat 'n dwelmverslaafde geword het. Hy't saam met 'n paar prostitute in 'n vervalle woonstel naby ons gebly. Ek was nogal jags vir hom en het gereeld gefantaseer oor hoe ons oproerige seks het en hy my maagdelikheid verpletterend verower.

Hy moes Durban toe gaan om Mandrax te gaan optel, het hy my een aand vertel, en hy sou daarna 'n bietjie meer tyd met my deurbring. Hy't nooit teruggekom nie. Ons het net gehoor hy is dood. Cheeky en Shane, twee crack-verslaafdes, is ook dood.

En Elize. Aan 'n oordosis heroïen. Shame. Ons sou vriendinne geword het, ek en sy. Sy sou miskien 'n skrywer geword het. Of 'n digter. Of iets anders. Enigiets behalwe dood.

Kort nadat hulle haar lyk uit die kamer langsaan verwyder het, het ek 'n dagboek ontdek waarin sy elke dag geskryf het. Sy't vir 'n ou geskryf met die naam Manny. Ek het nie geweet wie Manny is of waar hy is nie; ek het hom nooit ontmoet nie. Ek neem aan hy was iemand wat sy op skool geken het, of iemand wat in haar verbeelding geleef het. Sy was by tye nie net op 'n ander planeet nie, maar in 'n ander heelal.

Ek het die dagboek gehou en onlangs weer daardeur geblaai. En ek het gelees:

*Ek het weggeloop, Manny.*

*Ek kon nie meer nie.*

*Fok hulle en hulle selfishness.*

*Ek is nou hier in Hillbrow.*

*Ek het in die monster se bek geklim en hy sluk my stadig in …*

*Waar is jy?*

*Waar is jy?*

*Waar is jy?*

*Onthou jy vir Kariena?*

*Ek het haar gister by Pop's raakgeloop. Sy't na 'n CD gesoek, iets van Madonna. Sy't my vertel hoe sy nooit weer by my wou kuier nie omdat my ma so op my geskree het, my vir "'n dom fok" uitgejou het omdat ek nie ons koppies in die kombuis se wasbak gesit het toe ons klaar gekuier en koffie gedrink het nie.*

*Ek het al daarvan vergeet.*

*Kariena het van voor af al die rowe afgekrap.*

*Ek onthou die geskree, nou, soos gister – hoe my ma van haar kop af geraak het; hoe sy saans met 'n rooi gesig en uitpeuloë op my pa geskree het toe hy voor die TV gesit het: "Jou slapgat jellievis, kak verskoning vir 'n man!"*

*Ek het geleer om myself doof te hou.*

*Ek hoor nie meer 'n geskree nie.*

*Maar ek onthou.*

*Ek onthou hoe sy my "besete" genoem het, 'n "seksbehepte klein hoer", hoe sy jou met 'n mes verjaag het. Sy't eenkeer daai mes na my gegooi; ek sweer ek sou dood gewees het as ek nie betyds gekoes het nie.*

*Sy't gesê ek het jou nie lief nie, ek wil jou net naai soos 'n haas, soos 'n vuil slet.*

*Wat het met haar verkeerd gegaan, Manny? Niemand kan my sê nie, en ek verstaan nie. Liefde is mos nie vuil nie?*

*Ek onthou hoe sy haar vingers in my opgedruk het toe ek 'n blaas-infeksie gehad het. Ek sweer sy't gedink ek het een of ander venereal disease. Haar vingers was koud en hard en het my seergemaak. "Hoermeid!" het sy geskel.*

*Ek mis my pa.*

*Soos môre heeldag.*

*Ek het hom gebel. Hy't gehuil, maar ek het hom nie gesê waar ek is nie. Hy was altyd so sag en mooi met my; hy't my nooit seergemaak nie en nou doen ek dit aan hom. Ek's seker 'n doos. Ek was veilig by hom.*

*Veilig.*

*Veilig-veilig-veilig.*

*Ek smag na veiligheid.*

*Ek het gebid dat hulle moet skei, omdat ek by hom wou bly. Weg van haar, in stilte en vrede. Maar ek moes by haar bly en ek kon nie meer daar bly nie.*

*Jy weet ek kon nie meer daar bly nie, maar ek het jou nooit presies vertel hoekom nie.*

*Nou is ek hier. Ek weet nie wat van my gaan word nie.*

*Waar is jy?*

*Waar is jy?*

*Waar is jy?*

*Jy moet my kom haal. As jy my nie hier kom haal nie, sal ek doodgaan.*

Hillbrow het baie lewens geëis. Dis hartverskeurend. Ek was gelukkig; ek het in die monster se bek gedans en betyds daaruit gekom. Ek is nie ingesluk nie. Elize se ouers is nooit opgespoor nie – nie sover ek weet nie.

Dis ironies dat een van die grootste redes hoekom ek sielkunde gaan swot het 'n poging was om mý ma te probeer verstaan. Na die egskeiding het dit regtig nie goed met haar gegaan nie. My sussie het haar toestand as 'n chemiese wanbalans gesien, 'n toestand wat amptelik en akkuraat gediagnoseer kon word, wat waarskynlik reg is, maar ek bly glo jy moet dieper kyk as wat die wetenskap jou noodwendig toelaat.

Ek glo omdat sy later die keuse gemaak het om in liefdeloosheid te leef, sy haar hart teen alles om haar verhard het en dat dit haar onafwendbaar tot opname in 'n sielkundige inrigting gedryf het.

Liefdeloosheid, glo ek, maak jou mal.

Elize het my vertel hoe sy gedink het sy kon haar eie lewe opfix deur haar ma s'n te fix; ek het tot 'n mate dieselfde probeer doen. Selfs later met ander mense. Ek dink nou dis verwaand: jy kan nie iemand regmaak of verander nie. In elk geval, wie's jý om te besluit dat hulle stukkend is? Indien hulle is, moet hulle dit self erken en hulself bereid verklaar om genees te word. Wat gaan jy sonder samewerking bereik?

*God helps those who help themselves*, het 'n plakkaat teen een van die mure in die shelter uitgeroep. Dié raad is nie te versmaai nie. (Dit gaan nou beter met my ma; sy's op die regte pad, dink ek. Een wat vir háár werk – en dis al wat belangrik is.)

Hillbrow het my straatwys én geestelik bewus gemaak; dit het my toenemend laat besef hoe dom en onwys ek regtig is. Ek het bitter min van die lewe verstaan. Ek sou eers later uitvind hoekom mense hul liggame vir seks verkoop toe ek dit self probeer doen het, en toe sou ek ook eers verstaan hoekom iemand dwelms met soveel oorgawe gebruik.

Miskien gaan dit oor 'n diepliggende hunkering na die kennis van goed en kwaad, die kennis om behoorlik tussen die donker en die lig in jouself te kan onderskei. Behoort ons te probeer? Is dit nie dalk lewensgevaarlik om tot op die been te sny in ons soeke daarna nie?

In Hillbrow was ek 'n toeskouer; ek het ál die goed gesien wat ek later self sou aanvang. Hoekom het die tyd wat ek daar deurgebring het en die voorvalle wat ek soos tonele uit 'n rillerfliek voor my sien afspeel het nie as 'n waarskuwing gedien nie?

Elkeen van ons stap 'n eie, persoonlike pad om by onsself uit te kom. Hillbrow was die voorbereiding vir die pad wat ék moes loop om by mysélf uit te kom.

En moenie vir een oomblik dink ek beveel dit aan nie.

Dit is lewensgevaarlik.

Ek weet dis maklik vir my om grootbek te wees. Ek het oorleef. Let's face it: ek moes eintlik al dood gewees het.

Maar ek is nie.

En daar's 'n rede hoekom ek nie is nie.

# 2
# VIER OOMPIES
# SKOMMEL TESAME

('n Werkonderhoud in vier bedrywe)

# 1. AGTER DIE BOEREWORSGORDYN

"Jy maak seker 'n grap," sê Carel.

"Nee," giggel Karin. "Ek belowe jou."

Hy trek sy asem skerp in. "Hel, dit moes rêrig erg gewees het."

"Jy't geen idee nie," beaam sy. "Dit was soos absurde teater. Of 'n nagmerrie. Hulle was sulke regte oompiekedoompies. Maar dit het ook my lewe gered. Ek sal jou alles vertel."

"Tik en e-pos dit vir my – vandag nog. Sal jy?" vra hy opgewonde. "Dalk kan ek dié storie oorkoepelend gebruik, as 'n raamwerk waarbinne ek die res van jou storie kan uiteensit."

"Soos episodes in 'n TV-drama wat opbou na 'n klimaks?" wil sy weet.

"Of 'n komedie of 'n riller. Dit lyk my dit kan soms een en dieselfde ding wees."

\* \* \*

Plek: 'n Groot, korporatiewe kantoor op die derde verdieping van 'n mediareus in Johannesburg.

Datum: Nie belangrik nie.

Tyd: 10:00.

Teenwoordig: Ek en vier vaal mans wat hul bes doen om indruk-wekkend te lyk.

Daar is 'n ongemaklike stilte. Maar ek weet wat die vier oompies dink. Gesigsuitdrukkings spreek boekdele.

Ek wag. Terwyl ek wag, dink ek: Ja, dit staan lewensgroot op my CV, menere: KARIN ELOFF. Get over it.

Ek is nie Sharon Stone nie, en ek sit ook nie so wydsbeen soos sy in *Basic Instinct* nie, maar die vier mans laat my so voel. Want, nes sy, word ek baie onsubtiel gekoekeloer. Wat kyk hulle so? Ek hét mos onderklere aan. Wel, oukei: nie 'n bra onder my bloes nie; in my haas om betyds te wees het ek vergeet om een aan te sit. Ek is in elk geval nie rasend oor die goed nie.

Dis een van die lagwekkendste en mees bisarre situsasies van my lewe. Fokkit, wat het ek gedink? Ek hoort nie hier nie.

Die stowwerige, toegetrekte blindings teen die vensters gee die kantoor 'n gevoel van *what happens in Vegas, stays in Vegas*. Dis dalk nie goed nie.

Die atmosfeer is gespanne. Ek vrek vir 'n sigaret. Dis weird, want ek het laas op varsity gerook en nooit weer nie. Wys jou net hoe dit hierbinne gaan. En my stoel is hard. Deurgesit. Ek kruis my bene herhaaldelik terwyl my emosionele temperatuur styg. Enige oom-blik gaan my grimering weens die graad van my ongemaklikheid begin smelt. Want hierdie is eintlik 'n werkonderhoud. My eerste werkonderhoud in 'n lang tyd. Wag, laat ek dit herfraseer: my eerste *behoorlike* een …

Die vier menere in hul vuilgrys broeke en bleekgestrykte hemde wat oorkant agter die tafel sit om my te ondervra, is onderskeidelik vet, maer, vet en maer. Elkeen van hulle haal ewe swaar en byna om die beurt asem; in en uit, in en uit. Hul borskaste lig op en af soos blaasbalke. Dit laat my dink aan 'n toneel uit die tekenprent *Alice in Wonderland* – hulle lyk soos fronsende karikature, nes die karakters Tweedledum en Tweedledee.

As als nie so bleddie ernstig was nie, het ek uitgebars van die lag. Ek het darem nou name vir hulle: die vettes is Tweedledum 1 en Tweedledum 2, en die maer ouens is Tweedledee 1 en Tweedledee 2. Dis snaaks hoe hulle na mekaar lyk, al lyk hulle eintlik glad nie na mekaar nie. Al vier lyk heel voos, vergeel en vervelig.

Ek kan sien Tweedledum 1 hou nie veel van my nie, maar Tweedledum 2 lyk of hy my wil aflek.

Ten minste het ek geleer om mans te lees. Ek gee toe: *sekere* tipe mans. Maar die vier oompies lyk na *sekere* tipe mans. En dit pis my sommer af.

Dis beslis nie 'n goeie teken nie.

Ek het hierdie werk bitter nodig …

Wat gaan hulle my vra? Wat wil hulle van my verlede weet? Wat wéét hulle daarvan? Gaan hulle my soos 'n insek onder 'n mikroskoop ontleed?

Afleiding sal help, so terwyl ek vir hulle wag om hul papiere rond te skommel, deur my aanhangsels te werk en hul gedagtes te orden, kom ek vertel jou verder.

\* \* \*

Waar was ek laas? O, ja – Hillbrow. Hillbrow is nie so ver hiervandaan nie, maar ek het die langpad gevat van daar tot hier: sewe jaar.

Ek was net 'n jaar lank by die shelter. Ek het later uitgekuier geraak en dit was tyd om aan te beweeg. Ek het die koerante deurgesnuffel op soek na iets wat my aandag getrek het. Au pair-werk in Nederland het na 'n goeie opsie gelyk en ek het aansoek gedoen. En dit gekry.

Ek was ook 'n jaar lank in Amsterdam, die sogenaamde stad sonder sedes, en het in dieselfde jaar vir Patrick Po in Parys ontmoet. Ek het toe teruggekom na Suid-Afrika met heelwat belasbare goedere en vyftien kilogram oortollige gewig aan my lyf, maar ten minste virginity free.

Dit was in dié stadium dat die akademiese gier my gegryp het weens my ma se toenemende ups en downs. Ek het by RAU gaan swot: vier jaar lank, eenstryk deur. Dit was lekker; veilig, pret en ongekompliseerd. Wat kan ek sê? Suip en swot, suip en swot, suip en swot, suip en swot – nes die meeste studente in die wêreld. Ek het miskien net 'n bietjie beter gedoen as baie van my klasmaats. Sommige het dit glad nie gemaak nie.

Nadat ek my honneursgraad in sielkunde gekry het, het ek egter 'n muur getref: waarheen nou? Toe beland ek by 'n finansiële instelling, wat die kakste ervaring van my hele lewe was. Die werk het my ongelooflik gefrustreer en die mense nog meer. So 'n burokratiese omgewing was absoluut sieldodend. Ek het bedank.

My boyfriend in dié tyd was, agterna beskou, 'n vreemde vent, en dis al wat ek oor hom wil sê. Hoekom het sulke fringe-karakters my altyd getrek? Jy kan my naai as ek weet. (Ontspan, ek maak sommer 'n grappie.)

Om 'n lang storie kort te maak: Ek het wragtig swanger geraak en ons het met 'n kronkelpaadjie langs oor 'n aborsie begin gesels. My eie lyf het teen wil en dank my beplanning voorgespring met 'n miskraam. Jy sal nie glo hoe dít my disnis geklap het nie. Dit was bitter seer. Ek was 25 jaar oud, dus nie te jonk nie. Ek het soos 'n mislukte vrou gevoel, 'n fokop. My borste was ongemaklik groot en kliphard soos albasters. Ek kon glad nie op my maag slaap nie, maar daar was niks meer in my lyf nie. Ek het verwerp gevoel omdat my boyfriend in elk geval nie die kind wou hê nie. En na die miskraam het hy my net so gelos. *Bye-bye, baby.* Ek het angsaanvalle begin kry en dit was aaklig. Ek het al my hare afgeskeer.

'n Vriendin van my het bellydancing-klasse aangebied in Westdene en voorgestel dat ek dit probeer. Dit was ontsettend genesend. Dit het my gehelp om my liggaam met al sy grille te aanvaar. Dit was soos 'n viering van vrouwees, al was ek onvolmaak. Dit was absoluut bevrydend. Na so ses maande het my angsaanvalle verdwyn.

Ek het toe sommer Kaap toe getrek sonder 'n werk. Ek het 'n woonstel met musikante gedeel en elke dag rooiwyn gesuip en gedans en die hele Stellenbosch in so 'n kort tydjie as moontlik probeer naai – skrywers, musikante ensovoorts. Om 'n inkomste te genereer, het ek klasse in bellydancing begin aanbied. Ek het nogal 'n hele paar studente gelok. Ons was amper soos 'n span.

Een van hulle het op 'n warm somermiddag voorgestel: "Jy moet by 'n stripklub gaan dans, Karin, jy sal fokken baie geld maak!"

Omdat daar 'n algehele wanbalans tussen my inkomste en my sosiale uitgawes was, het die gedagte seker meer aanloklik geklink as wat dit moes. Daar wás 'n stripklub in Durbanville, nie ver van ons af nie.

En toe besluit ek: hoekom nie?

\* \* \*

"Karin, dankie dat jy hier is; ons waardeer dit dat jy vir die werk aansoek gedoen het. Om die minste te sê, jou CV is interessante leesstof." Tweedledum 1 het die ongemaklike stilte verbreek. Sy skugter laggie is aansteeklik en versprei soos 'n virus van die een na die ander.

Nadat die joligheid verby is, is Tweedledum 1 weer aan die woord: "'Skuus, man, ons wou onsself net eers 'n bietjie vergewis." Sy stem klink blikkerig en nasaal in die hol vertrek. Hy glimlag versigtig, asof hy bang is sy gesig gaan breek.

Hulle oë is nou soos soekligte. Ek's half lus om al vier moer toe te stuur en te sê:

*Ja, menere, die beklemming in my maag is al van só 'n aard dat ek my wil bekak. So, fok julle almal en druk die job in julle gatte op.*

Maar ek sê dit nie. Ek glimlag. Ek lyk opgewek. Ek lyk dankbaar.

"Ek's bly julle het vir my tyd gemaak" sê ek met 'n mond wat so droog is dat my bolip aan my voortande vasklou.

"Jy weet dit is 'n pos vir 'n senior joernalis?" sê Tweedledum 1.
"Vertel ons hoekom het jy aansoek gedoen?"

Jirretjie, dink ek. So, slaat my met 'n soutsnoek – watse vraag is
dit? Kom ek werk gou uit hoe ek hom kan antwoord. Wat sal ek vir
hom sê? Sal dit help as ek vertel dat ek 'n bobaas-draadtrekker is, 'n
blowjob-koningin? Dat ek binnelanders en buitelanders, advokate
en professore so spesiaal laat voel het dat hulle weer en weer gekom
en teruggekom het?

Sal ek hom vertel dat ek 'n bobaas-bellydancer is wat erotiese
kaalgatdanse doen, met 'n vertoning wat so gewild was dat ek selfs
op 'n keer Zimbabwe toe gevlieg is om by die Young President's
Organisation te gaan uithaal en wys? Sal dít hom beïndruk? Sal ek
dán die werk kry?

Nie alles wat op my CV staan is die volle, naakte waarheid nie. Ek
het hier en daar 'n ietsie verswyg. Ek het geskryf ek was 'n eksotiese
danseres. Die erotiese massering het ek uitgelos; dis dalk 'n bietjie té
intiem. O, en ek het groot en duidelik bygevoeg dat ek die redakteur
van *Loslyf* was en 'n magdom artikels vol deernis, sensitiwiteit en
humor die lig laat sien het.

As bewys van my literêre vermoëns het ek afskrifte van my artikels
by die CV gevoeg met opskrifte soos *Moenie op 'n vol maag naai nie;
S&M – die Foeterfeite; Meisies wat meer as net hulle broekies natmaak;
Verleng sy orgasme; Die perfekte skootdans – wys jou cherrie hoe* en *Alles
oor kopkoue en keelstrele.*

Ek het dan selfs op *Carte Blanche* vir tannie Ruda Landman
verduidelik hoe belangrik 'n goeie blowjob is. En sy was nogal baie
nice met my.

Maar dit beantwoord nie Tweedledum 1 se vraag nie.

Hoekom het ek aansoek gedoen? Ja, slaat my met 'n soutsnoek.
Teen dié tyd ken ek darem al die verskil tussen vis en vlees …

Ek glimlag nog al die pad, maar begin my oor Tweedledum 2
bekommer. Hoe langer ek aarsel, hoe nader aan mekaar trek hy sy

wenkbroue. Ek reken teen die tyd dat sy wenkbroue uiteindelik een, donker lyn bokant sy oë vorm, is my werkaansoek moer toe. Dis nou of nooit.

"Weet julle, ek wil rêrig baie graag na normaliteit terugkeer. 'n Sekstydskrif laat nie veel ruimte vir ontwikkeling nie; ek kan en wil wyer skryf – vir die algemene publiek. Ek glo ek sal 'n bydrae kan lewer tot die op- en uitbouing van julle koerant."

Die woorde stroom uit, heelwat vinniger as wat ek beplan het, en my stemregister is effens hoër as normaal. Ek maak keelskoon en wag. Ek hou hulle gesigte dop. En kruis weer my bene. My stemtoon is darem egalig, dink ek.

Ongemak is 'n snaakse ding. Dit trek later in jou hele lyf in en begin soos 'n helse migraine teen jou slape klop. Dit voel soos toe ek die eerste keer gestrip het. Ek moet sê ek's nou blasé daaroor, maar toe ek daai middag in Durbanville die eerste keer my klere voor 'n gesuipte, testosteroon-gedrewe gehoor begin uittrek, het dit vir my gevoel soos die onveilige verlies van my maagdelikheid.

\* \* \*

Ek het destyds gou die moets en moenies van strip geleer. Dit moet verkieslik op 'n leë maag gebeur. Om ongemaklike gasbewegings en spysverteringsprosesse te moet hanteer terwyl jy veronderstel is om aanloklik en onweerstaanbaar te lyk, werk net nie. Kyk, 'n poep op die regte tyd is nie te versmaai nie, maar vir enige voor- of natekens van 'n gesonde opelyf is daar eenvoudig nie plek as jy byvoorbeeld 'n tafeldans doen nie. Die Engelse het 'n gepaste term daarvoor: *Passion killer.*

Musiek wat jou roer, help ook baie. *Hier Kommie Bôkke* gaan absoluut niks vir jou selfvertroue doen nie, en veral ook nie vir jou libido nie, tensy jy 'n afwyking van die een of ander aard het.

Om 'n paar knertsies in te hê, kan ook voordelig wees. Dit dra by tot 'n euforiese, ontspanne gevoel. Die belangrikste van alles: 'n paar doppe skep die illusie dat jy jags is én verseker dat jy sélf ook, al is dit net tot 'n mate, daardie illusie glo.

Om nie jou maandstonde te hê nie, help selfs meer. 'n Bloedspoor teen jou been is net sexy as jy in 'n vampierfliek speel, en die reuk van bloed is ook nie elke Suid-Afrikaanse man se koppie tee nie.

Dan wil jy ook nie graag te wit of te vet wees nie. Glo my: bruin selluliet lyk *altyd* beter as wit selluliet. Verder is dit raadsaam om seker te maak dat daar nie 'n hardnekkige stukkie wit enkel- of dubbellaag-toiletpapier in die voue van jou onderlyf sit nie. Dis nou 'n verskynsel wat die meeste vroue sekerlik al moes beleef het, maar salig onbewus van was. Dis meestal net strippers en geëmansipeerde vroue wat hul eie geslagsdele soos die palm van hul hand ken. Soms sit daar in die verleidelike voue van jou magiese vroulikheid 'n stukkie verfrommelde toiletpapier – partykeer selfs met 'n bruin hondjie, 'n blou blommetjie of 'n rooi hartjie op.

Ek het aanvanklik gewonder hoekom die ander strippers altyd met hul G-strings om hulle enkels uit die toilette kom as hulle klaar was, dan hulle rûe na die vollengte-spieël in die badkamer draai, hulle tone raak en dan tussen hulle bene deurstaar asof hulle ernstig op soek is na iets.

Ek kan nie eens onthou watse musiek gespeel het die eerste keer toe ek 'n tafeldans gedoen het nie. Ek het in elk geval só baie en só hard gegiggel dat ek niks anders as my eie verleentheid in my ore kon hoor nie. Ek was nie verleë oor my liggaam of oor die uittrek van my klere nie – daaroor was ek nog nooit skaam nie. Ek was skaam oor die oordrewe toneelspel, oor die onnatuurlikheid daarvan om verleidelik teenoor ouens op te tree vir wie jy nie eers twee keer op straat sal kyk nie. Boonop eindig die speletjie met 'n betaling op 'n tafel en nie in die bed nie. Hoe meer onnatuurlik kan 'n situasie nou wees?

Wanneer die musiek ophou, trek jy weer jou klere aan sonder dat die verleiding voltrek word en die kêrels betaal jou.

Is hulle dan fokken stupid, of wat?

Ek is ook nie die wêreld se beste aktrise nie. Om die waarheid te sê, ek dink nie ek kan toneelspeel om my lewe te red nie. So, ek moes myself eenvoudig daarvan oortuig dat die mans my wél aanstaan, dat ek hulle régtig wil verlei, anders sou my poging 'n kolossale mislukking gewees het.

Hoe doen 'n mens dit? Jy suip. En as dit nie meer help nie, is dwelms die volgende opsie.

Wat ek wel onthou van my eerste tafeldans, is dat ek dit op die enigste tafel in die klub moes doen wat nie 'n paal op gehad het nie. Die paal op die tafel, het ek toe sommer uit die staanspoor geleer, is nie net om akrobatiese aapstreke mee uit te haal nie, maar ook (en verál) om te verseker dat jy nie van die tafel afbliksem nie. Daardie risiko bestaan altyd.

Ek kan steeds nie besluit of dit 'n goeie of 'n slegte ding is dat 'n customer weet wanneer dit jou eerste keer is nie. (O ja, van nou af sal ek na mans verwys as customers, want dis al wat hulle vir my geword het – customers aan wie ek 'n diens gelewer het en uit wie se selfbeeldprobleme, onvermoë om met hul vroue te kommunikeer, gevolglike jagsheid vir ander vroue en kwynende huwelike ek my bestaan vir ses jaar gemaak het.)

Die jong customers vir wie ek die eerste keer gestrip het, het dadelik agtergekom dis my eerste keer. My gebrek aan selfvertroue moes dit verraai het.

'n Strip-roetine in 'n klub verloop gewoonlik soos volg: 'n Tafeldans bestaan uit twee liedjies van die DJ se keuse. Ek het baie vinnig geleer dat dit deel van 'n stripper se daaglikse bestaan is om gat te kruip by die DJ, sodat hy speel waarvan jy hou. As jy ooit die fout maak om ongeskik te wees, kry jy dalk 'n Bles Bridges-nommertjie om op te dans. (Dis fine as jy langarm; dis hel as jy strip.) Dit het altyd groot mooipraat gekos om die DJ's van die verskillende klubs te oortuig om vir my Alice Cooper, Marilyn Manson, Tool, Prodigy,

Rob Zombie of Nine Inch Nails te speel as dit my beurt is. Ek was
'n bietjie van 'n alternative Goth-stripper.

Tydens die eerste liedjie is jy veronderstel om van jou bikini-top
en hotpants ontslae te raak, en tydens die tweede liedjie waai jou
G-string. Dan is daar net 'n poes in boots oor van jou. Die G-string
moet jy maar om jou pols draai, want anders steel een van die manne
dit vir later se draadtrek-bonanza. Die hele ontkleeproses gebeur
dus nou terwyl jy op die mees elegante wyse moontlik probeer dans
en jou bates tentoonstel. Daarna trek jy jou klere weer aan, gryp jou
geld met 'n glimlag en gaan soek jou volgende slagoffer. Alles word
soveel keer as moontlik in een skof herhaal, sodat jy jou huur aan die
einde van die maand kan betaal. Of die dwelmhandelaar. (Dié het
vir my egter eers later bygekom.)

Tydens die eerste song toe ek daardie dag die eerste keer 'n tafel-
dans in Durbanville gedoen het, het alles nog goed gegaan. Ek het
my bikini-top sonder drama afgekry. Ook my hotpants. Met die
tweede song het ek té gerus begin raak. Terwyl ek besig was om
myself van my G-string te probeer bevry, moer ek toe van my vier-
verdieping-hoë bootse af! Hoe de fok kry jy in elk geval 'n G-string
oor sulke moerse hakke af sonder om jou nek te breek? En dít terwyl
jy probeer om onweerstaanbaar te lyk?

Ek háát G-strings!

Ná hierdie voorval het ek nooit weer in 'n G-string gedans nie.
Ek het dit selfs vir myself nóg makliker gemaak: ek het nooit weer
onderklere gedra nie.

Nietemin, ek land toe met my gat en my rooi gesig op die skoot
van 'n student. Hy't begin giggel en ek was lus om sy gelaatstrekke
soos 'n masker van sy gesig af te krap. Gelukkig was hy dronk genoeg
om te dink dat ek aspris in sy skoot beland het. Niemand anders het
regtig omgegee nie.

Toe ek weer aangetrek is, het 'n hele paar manne geldnote in
my vervloekte G-string gedruk. Die customers was tevrede en het

onmiddellik weer na hulle bierbottels en whiskyglase gegryp. Ek het amper vergeet dat ek veronderstel was om betaal te word, want ek was baie verlig dat my swak vertoning en die hele absurde ervaring uiteindelik verby was.

Ek onthou 'n naarheid wat in my maag opgestoot het toe die customers my betaal. Ek kon in hulle gesigte sien dit gaan oor 'n wellustige magsgevoel. Miskien het hulle girls of hulle vroue, om een of ander rede en op een of ander wyse, hulle *ont*man en ek het hulle weer *be*man. Duidelik was dit vir hulle geld werd.

Tuis en alleen op my bed het ek na die plafon gestaar en myself vertel dis oukei. Strippers is daar om in 'n behoefte te voorsien, eeue lank al. Wie weet, miskien red ek eintlik verhoudings en huwelike omdat ek gefrustreerde mans die geleentheid gee om te kyk, te voel en te fantaseer. So, wat is verkeerd met wat ek doen?

Die naarheid het weggegaan.

Ek het my gekondisioneer om in die vervolg my betalings met trots te ontvang; my toneelspel was vir mý die geld werd. Om só te speel dat die customer op die ou end vergeet dis net 'n speletjie, verg toewyding. Ek het my geld verdien, dubbel en dwars.

So, waaroor moes ek skuldig voel?

En toe het ek Zoë die stripper geword. Zoë beteken "lewe".

## 2. IN DIE TWILIGHT ZONE

Tweedledum 1 lyk nie asof hy iemand is wat homself te buite gaan nie. Óóit nie. Hy't sagte, bruin oë. Hy's 'n doodgewone ou. Doodgoed, goed dood. Ek glo nie hy drink nie en ek dink indien hy hom in 'n stripklub bevind, sal ongemak hom binne enkele minute weer daar uitdryf. Of hy sal daar sit en skielik onbeheersd begin giggel. Ek dink hy gaan gereeld kerk toe en neem sy gesin op gesonde uitstappies. Hy's waarskynlik 'n bobaas-kampeerder, hy weet hoe 'n kompas werk en was 'n Voortrekker op skool. Trek hy draad? Natuurlik: álle mans trek draad. Maar hý voel skuldig daaroor na die tyd. Ek dink nie hy kan die woord "vagina" oor sy lippe kry nie. Sy vrou is seker 'n laerskooljuffrou wat smiddae musiekles gee.

Daar is 'n roering langs hom. Dit lyk asof Tweedledee 1 nou tot die gesprek wil toetree. Ek wil waag om te sê dat sy algemene psigoprofiel met die eerste oogopslag min of meer dieselfde as sy kollega s'n is, behalwe dat hy heel waarskynlik op varsity darem 'n trek aan 'n daggazol gevat het, maar toe oomblikke daarna op sy gesig uitgepass het.

Hy maak ook keelskoon. "Karin, ek dink dis regtig wonderlik dat jy nou iets verantwoordelik met jou lewe wil doen, maar gaan hierdie werk jou nie verveel ná wat jy gewoond was nie? Is dit nie dalk té normaal vir jou nie?"

Nee, dink ek. Dit is nie té normaal nie. Normaliteit is al waarna ek uiteindelik gesmag het: 'n veilige voorstedelike bestaan van vroeg opstaan en vroeg gaan slaap. Kan jy dit verstaan, Tweedledee? En "verantwoordelik", sê jy. Nou toe nou. Kom ons praat 'n bietjie oor verantwoordelikheid. As jy maar net weet watse verantwoordelikheid dit is om mans jags te hou. My lewe het daarvan afgehang. My brood en botter, my katte se kos en die dak oor my kop. As die manne nie jags was nie, het hulle nie pornografiese tydskrifte gekoop of stripklubs, masseerplekke en hoerhuise toe gegaan nie. En dan sou honderde gesinne sonder kos wees. Dis een van daai dinge; dis eenvoudig hoe dit daarbuite werk.

Ja-nee kyk, meneer: Ek wéét wat verantwoordelikheid is, teenoor jouself en teenoor jou werk, maar veral teenoor jou customers. Ek kon hulle koelbloedig verlei en soos konings laat voel sonder dat ek hulle die volgende dag sou herken. Want dan was daar nuwes. Soms, in my swak oomblikke, het die harde werklikheid daarvan aan my kom knaag. *Hier's vir jou 'n geldjie, strippertjie. Run along now …*

"Karin?" sê-vra Tweedledum 1. Die ander drie korporatiewe knape se oë rus swaar op my. Ek moet vinnig dink. My wange pyn al van die konstante geglimlag.

"Ek sien daarna uit," antwoord ek so opgewek as moontlik. "Ek sien daarna uit om deur middel van die koerant uit te reik na normale mense toe. Ek het 'n magdom ondervinding opgedoen en bring dit saam met my. O, en ek voel ek het nogal 'n stewige verantwoordelikheidsin."

Ek hou Tweedledee 1 se gesig dop. En ek weet nie of my antwoord veel punte aangeteken het nie.

*Moet ek iets bysê? Moet ek nie dalk 'n bietjie vertel hoe ek geleer het dat mag en verantwoordelikheid keersye van dieselfde munt is nie? Of dat die hantering van die manlike psige groot begrip en*

*verantwoordelikheid verg? Sal ek dán die job kry, menere Tweedledum
en Tweedledee?*

\* \* \*

Nadat ek gereeld begin strip het, het die valse mag wat die custom-
ers dink hulle oor jou het en die arrogante selftevredenheid in hulle
gesigte my baie aande naar, aggressief en swetend in die badkamer
laat wegkruip. Ek was later bang. Bang ek breek 'n bottel in een se
gesig, bang ek kry 'n geweer in die hande en skiet van hulle dood
sonder om aan die nagevolge te dink. Nie omdat ek hulle haat nie,
maar omdat hulle domastrantheid my so intens geïrriteer het.

Ek reken nogal dis hoe al die meisies gevoel het en net nie kon
verwoord nie. Hulle het self gereeld in die badkamer bottels gebreek
en spieëls stukkend geslaan. Ek het nooit besef dat vroue gevaarliker
is as mans wanneer hulle aggressief raak nie. Dis dalk 'n goeie ding
dat ons nie fisies so sterk soos mans is nie.

Ek het verslaaf geraak aan my eie woede en moes leer hoe om
verantwoordelik daarmee te werk te gaan, hoe om dit weg te steek,
hoe om my moordfantasieë uit my gedagtes te werk. As jy dit nie
wegsteek nie, gaan die customer jou antagonisme ruik en jou beslis
nie vir 'n tafeldans vra nie.

So ek moes hulle arrogansie, hulle chauvinisme, hulle onwelkome
toenaderings, hulle drankasems en natgeswete lywe, hulle kritiek en
komplimente opvreet asof dit my jags maak. Nou dís 'n moerse ver-
antwoordelikheid.

Om jouself te onderdruk sodat jy jou huur aan die einde van die
maand kan betaal en jouself aan die lewe kan hou, verg ongelooflike
selfdisspline.

Binne weke is dit asof jou gemoed deur 'n proses soortgelyk aan
proteïenkonfigurasie gaan. Dis soos wanneer jy 'n eier kook: as hy
eers gekook is, kan hy nooit weer dieselfde wees as voorheen nie. Ek

het nes daai eier geword – steeds ek, maar onomkeerbaar anders. Verandering gaan altyd gepaard met isolasie, want ek het skielik nie meer lekker ingepas waar ek voorheen gemaklik ingepas het nie. My realiteit het so verwyderd van my vriende s'n geraak dat ek dit nie meer aan hulle kon verduidelik nie. Ek wou ook nie. Ek het hulle ditjies en datjies gevoer, sover as wat ek kon probeer gee wat hulle verwag het om te hoor. Jy probeer mites ontbloot, maak of alles cool is en probeer dit wat jy doen regverdig. Naderhand begin jy jou eie kak glo.

*Nee wat, ek's oukei, dankie; dis baie lekker en alles.*

Soms het "normale" mense in my realiteit kom besoek aflê, dronk geraak, huis toe gegaan, die volgende oggend met 'n babelas opgestaan, 'n pak klere aangetrek, werk toe gegaan, gatgekruip by 'n wederhelf en van voor af bekommerd geraak oor hoe die kinders se skoolgeld betaal gaan word.

Vir my het dit gevoel of die res van die wêreld hulle oë toemaak vir die harde realiteit waarin ek myself begeef het. Natuurlik was dit so. Hoekom sou hulle hulself bevuil met dit wat ek vir myself geskep het? Hoekom sou hulle daarvoor begrip hê? Ek was vasgevang in 'n wêreld van seks sonder liefde, dwelms, die gepaardgaande rock-klankbaan, geweld, gangsters, vinnige geld en vals glamour – en ek het verwag dat die "normale" samelewing my moet verstaan en aanvaar.

*So, wát is verantwoordelikheid, menere Tweedledum en Tweedledee?*

Ek sien elke dag mense wat iets verantwoordelik met hulle lewe gedoen het. Ek het elke dag geld gemaak uit die "verantwoordelikes" wat só verantwoordelik was dat hulle van die bus afgedonder het. Verwag jy dat ek daardie tipe verantwoordelikheid moet aanvaar en nog die "verantwoordelikes" respekteer óók?

Hoe kan jy by jou kombuistafel gaan sit, voor jou naaimasjien inskuif, jou eie ooglede toewerk, tevrede vir jouself 'n koppie koffie maak en daarna dapper by jou voordeur uitdwarrel die wêreld in? Jy sal mos in jou tuinhekkie vasfok!

Ek was kwaad vir mense wat nie bereid was om te *erken* wat in donker plekke aangaan nie, wat nog te sê van daaraan te *raak*. Ek kon nie verstaan hoekom mense ongemaklik begin rondskuif toe ek hulle vertel het van die leuens en liefdeloosheid wat my verwysings-raamwerk geword het nie. Hoekom wil hulle nie daaroor praat nie? Hoekom maak hulle asof dit nie bestaan nie? Ek het eers heelwat later besef as 'n mens werklik verantwoordelikheid vir jouself en jou geluk wil aanvaar, jy jouself met positiewe energie moet omring. Wanneer jy besef jy kan net dié red vir wie jy lief is, sal jy jouself met die goeie en die mooie omring.

Sommige customers was wel nice genoeg om jou 'n paar vrae te vra oor jou realiteit. Hulle het regtig probeer verstaan terwyl hulle in jou wêreld is, net om huis toe te gaan, hulself op die skouer te klop en te dink hulle weet nou iets.

Feit is, ek was dom genoeg om nou en dan te vergeet die ouens was daar juis omdat hulle tydelik deel van die fantasie wou wees. Hulle was daar om aandag te koop, eenvoudig soos dit. Customers wil nooit weet wie jy regtig is nie. Hulle wil net hoor wat hulle wil hoor en jou daarvoor betaal. Dis 'n transaksie.

'n Professionele stripper behoort dit nooit te vergeet nie.

Ek onthou die skok en verwarring toe 'n vriend van my een aand klub toe gekom het. Hy't by 'n tafel gesit en ek kon met hom praat, maar ek was dadelik verward oor watter rol ek teenoor hom moes inneem. Die grense het vervaag. Was hy nou vriend of customer? Ek moes eers uit my rol as verleidster ontsnap voordat ek soos 'n "normale" mens met hom kon praat.

Skaars 'n jaar tevore was ek nog saam met hom aan die ander kant van die draad. Ek het 'n bietjie soos 'n dier in 'n hok gevoel na wie mans soos hy vinger wys en lag en hande klap en kwyl. Ek was sommer kwaad vir hom. Om geen rede nie – hy't niks verkeerd gedoen nie.

Die vriende wat ek gehad het voor ek hierdie twilight zone betree het, het my aan die begin baie gebel. Ons moes maar telefonies in verbinding bly, want die enigste tyd wat ek vir kuier gehad het, was op 'n Sondag – en dan het ek gewoonlik die hele dag geslaap. Vir ses dae 'n week sien 'n mens nie daglig nie, en op die sewende dag is jou oë toe as die son skyn. Daar was eenvoudig nie tyd vir kontakbesoeke in die dieretuin nie. My vriende het my vertel van flieks wat hulle gesien het, goed wat hulle in die koerante gelees het, klubs waarnatoe hulle gaan, braaie wat hulle hou, wie opgebreek het met wie. Dit het alles so weird geklink – so vervelig, so vals. Die kaarte in my kop was goed deurmekaar geskommel, en ek het húlle verwens omdat hulle kaarthuisies nie ook soos myne inmekaargestort het nie.

Die enigste manier om hierdie gaping te oorbrug, was om dié wat wel probeer verstaan het so dikwels moontlik te sien en by my "ander" lewe te betrek. Ek het myself soms gedwing om sosiale afsprake met ou vriende te probeer nakom op die dag wat ek in 'n week af gehad het, net om te besef dat dit vir my moeite geword het en dat ek nie regtig wou gaan nie.

Ons het mekaar verloor omdat grootskaalse verwydering ingetree het. Op die ou end was ek alleen en gelukkig en tevrede daarmee. Eintlik was ek op my gelukkigste op die verhoog sonder my klere en omring deur my musiek. Musiek het my gemoed gestreel en ek kon myself daarin verloor en snoesig toedraai in die magiese ritme daarvan. Ek het myself naderhand oortuig dat musiek die enigste ding was wat ek verstaan het en wat mý verstaan.

Ek het totaal vervreem geraak van die praktiese, alledaagse wêreld waar mense trollies in supermarkte rondstoot, verhoudings het, flieks kyk en langs vleisbraaivure in swembaddens baljaar.

Ek moet sê, my daaglikse roetine was redelik way-out. Waarskynlik is dit die vergesogtheid daarvan wat verklaar hoekom ek so in 'n ander realiteit ingewortel geraak het, en so ongelooflik verwyderd was van wat 'n mens as "normaal" beskou.

My roetine was noodsaaklik vir my oorlewing in die seksbedryf. Die stripwêreld het elke minuut van my dag in beslag geneem en aangetas. Hier moet ek byvoeg dat daar wel meisies was wat nog met een voet in die "normale" wêreld gestaan het en verhoudings met mense aan die buitekant kon handhaaf. Ek, aan die ander kant, is nie so goed met multi-tasking nie. My werk word 'n onblusbare honger en ek word daardeur verteer. Wat ek eet, wat ek aantrek, met wie ek assosieer, hoeveel ek slaap en selfs wanneer ek 'n gesonde opelyf het, is bepaal deur my werk as stripper.

En glo my, dis belangrik om op die regte tyd 'n gesonde opelyf te hê, anders belemmer dit jou mobiliteit.

'n Dag in my lewe by die klub was nie grappies nie. (Herhaal dieselfde roetine ses dae 'n week vir 'n wenresep van uitputting en oorstimulasie. Jou realiteit sal óók vinnig verander.)

Soggens tienuur is ek skoon in 'n ander bloedgroep in geskok deur 'n skril wekker. Ek wou meestal huil toe ek daai geluid gehoor het, want tienuur is onheilig vroeg as jy die vorige dag vyftien ure op jou voete was en eers ná drie-uur die oggend in die bed gekom het. My hele lyf, maar veral my bene, het elke oggend gepyn. Kyk, mense, hier was 'n ernstige kalsiumtekort aan die broei, want drank en dwelms het nie baie daarvan as bestanddeel in nie.

In elk geval, tienuur in die oggend moes ek hierdie lyk van 'n lyf regop en aan die gang kry. Dit het my 'n uur gegee om te bad, my hare reguit te blaas, skoonheidsalon toe te jaag om op die sonbed te spring, werk toe te ry en – fok, wanneer gaan ek eet? My regtervoet was seer omdat ek iewers skeef getrap het, my bene was vol blou-kolle, my knieë het gekraak, my ribbes het gevoel of hulle gebreek is en intussen het ek sommer na twee of drie maande se paaldans reeds tendonitis in my regterskouer ontwikkel.

Ek het dikwels na die Afrikaanse industriële groep Breinskade se musiek geluister in die hoop dat dit my sou motiveer om vinniger te beweeg. Rustiger musiek, was ek heilig van oortuig, sou my waar-skynlik morsdood laat neerslaan.

Soms wou my hare net nie reguit nie, want teen die tyd dat ek uit die bad gevlieg het en my seer arms moes oplig om my hare droog te blaas, het ek só gesweet dat my hare begin kroes het. En daar was nie 'n manier om teen 'n stadiger pas te funksioneer nie. En as jy nie kan byhou nie, val jy eenvoudig uit. *Bye-bye, baby.*

Ek was altyd moeg, altyd honger, altyd vol bloukolle, altyd vol kontant en het nooit tyd of energie gehad om dit te spandeer nie. Aanvanklik was ek ook nugter – sonder drank en dwelms. Dis egter onmoontlik om die pas daarsonder vol te hou.

Ek het omtrent nooit my huis se gordyne oopgetrek of die buiteligte afgesit nie; net op Sondagmiddae laat wanneer ek na 'n half normale slaapsessie opgestaan het en soos 'n dwalende spook gevoel het.

By die klub aangekom, is ek dadelik kleedkamer toe om my ou uitrustinkie, wat in elk geval in 'n vuurhoutjieboksie sou gepas het, aan te trek. Daarna het ek my grimering gedoen. Nou moet jy verstaan: die kleedkamer was die grootte van 'n gastetoilet en daar was omtrent twintig van ons. Elmboë het gedruk en humeure was kort. Net omdat ons 'n klomp sardientjies in dieselfde blik was, beteken nie ons het noodwendig van mekaar gehou nie. Die mure was darem vol spieëls.

Die atmosfeer was altyd gespanne. Almal het altyd nes ek gevoel: moeg, geïrriteerd, seer en honger. Party van hulle het nog boyfriends en kinders gehad om hulle oor te bekommer. Daar was alewig 'n wisselwerking tussen bitchiness en 'n flou stilte waarin die voorbereidings plaasgevind het. Die stilte het egter nooit lank gehou nie, want kort voor lank het die Bulgaarse meisies die kleedkamer binnegestorm en, fok weet, hulle was LOUD. Die res van ons (wat meestal Afrikaans was, al het ons vir onsself eksotiese Engelse verhoogname gekies) het maar gedienstig en gedwee in stilte voortgegaan. Ons kon onsself nie meer hoor dink nie, nevermind grimeer.

Hoekom het ons dit aan onsself gedoen?

Verslawing. Ons was almal verslaaf aan dieselfde ding as die customers: om begeer te word. Hulle het soontoe gekom omdat hulle daai gevoel nie by die huis kry nie, en ons het daar gewerk omdat ons net nie genoeg van daai gevoel kon kry nie.

Tot vandag toe het ek nog nie 'n stripper ontmoet wat dit teenoor haarself sal erken nie. Sommige van die meisies het regtig nie 'n keuse gehad nie, maar die meeste van ons was eenvoudig verslaaf aan die oë wat oor ons lywe kwyl.

Soos akteurs ook maar?

Maar die prys is hoog. Vir die customer sowel as die stripper.

By een van my volgende klubs was daar meer spasie, en drank is vroeg reeds vir ons aangedra, sommer kleedkamer toe. Uiteraard het dié bykomstigheid die gemoedere heelwat gelig. By 'n ander klub was die ekstra bonus dat die toilet ook in die kleedkamer was, so dit was 'n gebitch, 'n gemake-up en 'n buitensporige, onbetaamlike gekakkery alles deurmekaar.

Oor die algemeen moes ons teen twaalfuur die middag reeds op die vloer en reg vir aksie wees. As jy nie is nie, word jy beboet. Daarbenewens is daar gewoonlik op jou geskree dat jy te vet of te wit is, of dat jou naels nie lank genoeg is nie, of jou hare nie reguit genoeg nie, en dán is jy gelos om te gaan geld maak.

Met 'n fantastiese selfbeeld.

Wat dan vir ons voorgelê het, was tussen twaalf en vyftien ure se gatkruip, kakpraat, dans, verhoogvertonings (ons moes elkeen twee keer 'n dag 'n solovertoning van twintig minute doen), tafeldanse, skootdanse, nóg kakpraat, nóg gatkruip, nóg wikkel en woeker, en so aan. Jy kon nie vir 'n minuut stilstaan en rondsit en alleen in die hoekie gaan wegkruip nie, want dan word jy ook beboet. Dis mos nou baie ongeskik teenoor die customer as jy wil rus! Hoe moet hulle nou voel as jy begin moeg lyk, for fuck's sake?

Ons het hulle gehaat. Ons was terselfdertyd verslaaf aan hulle.

Teen so sesuur die aand het sommige van ons die geleentheid gekry om alleen in die hoek iets te gaan eet, maar jy moes goed wegkruip, want 'n professionele stripper eet nóóit voor haar customers nie. Mense in 'n fantasie eet mos nie! En dan het die bestuurder seker gemaak jy eet nie meer as wat jy moet nie, want vet girls word hoegenaamd nie geduld nie. Almal was darem nie só streng nie; van die ander klubbestuurders was veels te besig om dwelms te doen om hulle oor die stripper se gewig te bekommer. Ek het veral ondervind as dissipline en reëls handeviervoet by die agterdeur van 'n stripklub begin uitkruip, stap die duiwel in al sy glorie by die voordeur in.

Na aandete (wat jou enigste ete vir die dag is) het daar nog so agt ure vir jou voorgelê. Die hoogtepunt van my dag was om, moeg en honger, in my karretjie te klim en so gou moontlik by die huis te kom. Eers is daar altyd langs die pad gestop om skyfies, Yogi-sip, tjoklits, droëwors, tydskrifte, foonkaarte en petrol aan te skaf, en dan het ek weer verder gejaag.

By die huis gekom, het my arme katjies my altyd miaauend begroet. Hulle was een van my pogings om "normaliteit" te handhaaf, maar ek was nie baie goed daarmee nie. Ek het hulle afgeskeep en meer dikwels as wat ek wil erken vergeet om vir hulle kos te koop. Dan maak ek gou vir hulle two-minute noodles en val saam met hulle op my bed neer.

Dan vir die beste deel van die dag: ek wurg my bootse af, wikkel my beswete beursie van my enkel af, zip hom oop en tel al die opgefrommelde R100- en R200-note met een hand terwyl ek met die ander hand soveel chips en tjoklits as moontlik in my mond probeer druk. Ek het nooit minder as R1 000 op 'n dag gemaak nie. Soms tot R3 000.

Geld was natuurlik 'n groot motivering om aan te hou beweeg en geraas maak. Wat ek gespaar het, het uiteindelik vir my boobjob betaal en later vir my dwelms.

En toe was daar ook niks meer oor nie.

## 3. DIE STREELKASTEEL

Daar is geen twyfel by my nie: Tweedledum 1 is die hoofseun hier, die spanleier. Hy herinner my aan een van daai outjies op skool wie se dye so teen mekaar geskuur het as hy loop dat sy kortbroek stelselmatig tussen sy bene opgekruip en uiteindelik soos 'n groot, grys panty gelyk het en jy net hierdie nare, gekreukelde bolboud-wange sien.

*Bad visuals ...*

Ek dink Tweedledum 2 hou van goeters wat sy mond kan vol-maak. Ek dink hy stoot graag die trollie wanneer hy en sy vrou gaan inkopies doen. Ek dink hy hou daarvan om beheer oor daai trollie te hê, en hy wil hê almal moet dit sien. Miskien het hy trompet gespeel in die kadetorkes op skool. En dit lyk of hy van grappies hou, solank dit net nie oor hóm is nie.

Die oogkontak en gebaregesprek tussen die vier oompies begin my nou fassineer. Ek wens ek kan hulle gedagtes lees of hoor wat hulle dink.

Hoewel ek nie dink dat hulle veel van my dink nie, dink ek wel dat hulle daarvan bewus is dat ek wonder wat hulle dink. Dit lyk amper asof Tweedledum 1 vir Tweedledee 1 wil verkwalik omdat hy so 'n gewigtige woord soos "verantwoordelikheid" voor my gebruik het.

En nie een van hulle raak aan die *Loslyf*-tydskrifte wat langs my CV voor hulle lê nie. 'n Mens kry die indruk hulle dink dis radioaktief. Verbeel ek my, of is daar selfs híér 'n absurde magspel aan die gang met die oompies?

Ordentlik, dís wat hulle is. Ek is egter seker dat minstens drie van hulle brand om na die tydskrifte op die tafel te kyk. Tweedledee 2 besit waarskynlik van die tydskrifte, weggesteek onder in sy klerekas saam met 'n paar *Debbie Does*-video's. Maar hulle is al vier verantwoordelik en trek draad in hul koppe oor die konsep van *verantwoordelikheid*.

Vier korporatiewe grootkoppe skommel tesame …

Ek wonder hoe lank hierdie sirkus nog gaan aanhou. Ek dink hulle geniet dit om te sien hoe ek voor hulle sit en sweet. Ek wonder of hulle my net vermaaklik vind eerder as bekwaam. Ek sal nogtans bly glimlag en al die regte geluide maak, want die Here weet: wat het ek om te verloor?

As julle my nie wil hê nie, sal ek eenvoudig in my kar klim, terug na die porno-tydskrif se haglike hoofkwartiere ry en nuwe seksposisies uitdink om oor te skryf. Nie dat ek regtig omgee hoeveel seksposisies daar nou eintlik is nie. Wat die oorywerige huisvroutjies daarbuite nie weet nie, is dat vyfduisend kinky posisies nie jou sekslewe gaan opkikker as jy in beginsel nie seks met jou hele wese kan geniet nie. Let's face it: as jy nie van seks hou nie, gaan niks jou jags maak nie. Behalwe miskien 'n nuwe man. Of 'n man met wie jy kan kommunikeer.

Dis iets wat ek nogal agtergekom het, weet jy: ek het verskeie kere met 'n getroude man se penis in my hande opgeëindig omdat hulle kla dat hulle en hul vroue nie meer kommunikeer nie. Miskien word mans deur die samelewing geprogrammeer om te dink kommunikasie is 'n swakheid. Watter vrou wil nou intiem wees met 'n man wat nie kan kommunikeer nie? En wanneer hy nie meer sy noodsaaklike dosis seks by sy vrou kry nie, kom bak hy ballas by my.

En sy vrou? Wat maak sy? Sy huil heeldag. En begin haar man haat. Of sy knoop 'n verhouding aan met iemand anders wat lyk of hý kan kommunikeer. Of sy raak eenvoudig dik en depressief. Tweedledum 2 het hom tot dusver eenkant gehou. Nou skuif hy rond en begin loer. Hy dink aan iets om my te vra; ek sien dit kom. Hy herinner my wragtig aan my ou skoolhoof. Hy's die enigste een van die vier wat 'n baadjie en 'n das dra. Sy das is 'n rooibruin paisley-affêre en ek sweer daar's 'n vetkol op. Hy lyk nogal jags en kry waarskynlik 'n groot kick daaruit as sy vroulike kollegas dit agterkom. Ietwat van 'n flasher-met-'n-klein-pielietjie, as ek moet skat.

"Karin, tot 'n mate het jou reputasie jou natuurlik vooruitgeloop. Daar is ook al 'n paar stories oor jou gepubliseer wat ons gelees het. Maar een van die belangrikste kwessies vir óns is of jy onder druk kan werk. Kan jy druk hanteer?"

Tweedledum 2 praat verleidelik saggies. Sag soos iemand wat hard kan bliksem. Ek wonder nou oor hom. Fok, miskien is hy 'n customer! Miskien was hy al in 'n bakleiery daar en het die bouncers hom uitgesmyt oor sy slegte attitude!

Maar hy gaan Sondae kerk toe. Of course.

Hy's die soort customer wat sal druk vir seks as die deal net draadtrek was. Hy geniet hierdie sirkus met my die meeste, en vanaand gaan hy sy klein orgaantjie rondpluk terwyl hy aan my dink. Ek wéét. Nie omdat ek sexy is nie, maar omdat hy weet wat ek weet. Omdat hy presies weet wat ek al gedoen het. Omdat ek dit aan honderde soos hy gedoen het. Omdat hy, nes hulle, 'n customer is.

*Druk, meneer? Jy vra my oor druk? Ja, Tweedledum 2, ek kan fokken druk hanteer.*

Ek het nog nooit in my lewe so lank aaneen geglimlag nie. "Ek kan verstaan as julle dit nie dink nie," antwoord ek, "maar selfs 'n pornografiese tydskrif het sperdatums. Ons is die meeste van die tyd onder geweldige druk om alles agtermekaar te kry. So, ja – ek kan nogal goed onder druk werk."

Hulle lyk meteens vreeslik verbouereerd, asof hulle my glad nie verstaan nie.

Dalk kán hulle nie.

\* \* \*

Kom ek vertel jóú 'n bietjie onder watter druk jy is wanneer dit jou verantwoordelikheid is om mans uit te buit. Om te verseker dat 'n gestresde customer, sakeman, visserman, wynboer, werklose man, alkoholis, vroueslaner of kokaïenverslaafde se koerasie in die rooi ingaan en daar bly, sit nie in elkeen se broek (of hotpants) nie.

Die vermoë van 'n stripper om haarself so ver te kry om in 'n customer se oë te kyk en met opregte bedoelings haar wellus te kan namaak, bepaal hoeveel geld sy verdien. Al stoot die naarheid in jou keel op weens 'n customer se vals selfvertroue en die feit dat hy na puisies, vrot kosblikke en bier ruik, moet jy hom in die oë kan kyk en hom laat verbeel dat jy gaan bars as hy nie nóú aan jou vat nie. Hy moet iets in jou oë kan lees, of 'n prentjie sien van hoe nat hy jou tussen jou bene maak, of beelde in sy kop kan optower van hoe hy sy skag in jou ontvanklike keel inwurg.

Hy moet hom kan verbeel hoe hy jou vol borste vasgryp terwyl hy sy harde penis tussen jou boude indruk. En hy moet in jou oë kan sien hoe jy daarvoor smeek. En jy moet dit met elke man doen en dit volhou totdat jy hom gemelk het vir elke sent wat hy het. Dan moet jy sorg dat hy weer en weer terugkom.

Ek het mans begin verafsku.

Álle mans.

Maar toe gebeur iets snaaks. Ná drie jaar as 'n stripper raak ek toe broeis; ek besluit ek wil 'n kind hê. Ná my vorige mislukte poging wou ek weer probeer, maar na al my pogings om 'n verhouding met 'n man te handhaaf, wou ek nie dít weer probeer nie. Mans, het ek besluit, het dus net een wonderlike funksie op aarde: om sperm te produseer. Kyk, emosionele ondersteuning of vriendskap kan jy nie van die bliksems verwag nie, maar hulle sal jou altyd kan help met seks en om uiting aan jou moederlike instinkte te gee.

Mans kan soms mooi en funksioneel wees, maar hulle is dom en onbetroubare diere. Fok hulle.

Soos 'n honger leeuwyfie het ek my prooi gesoek, gesien, bekruip en gevang. En hy't sy doel gedien.

Die wonderlikste gebeurtenis ooit in my lewe was my swanger-skap. Vir nege maande was ek 'n maagdelike hoer. Ek was totaal selibaat, te bang om selfs te masturbeer, omdat ek gedink het my baarmoederlike spasmas sou dalk sterk genoeg wees om my heilige baba vroegtydig uit te druk. Teen my sesde maand moes ek ook my strippery onderbreek, want om met 'n stewige boepmaag elegant en sexy te lyk terwyl jy om 'n paal slinger, is nogal moeilik.

Maar hoe sou ek geld maak?

Die logiese stap was 'n masseersalon: die Streelkasteel. Ek het 'n professionele wanker geword. Die customers het 'n behoorlike mas-sering gekry (rêrig), en dan 'n ou handtakie om dit mee af te rond. Die ure was billik, die omgewing was rustig, daar was nie drank of dwelms betrokke nie, net mans en boyfriends wat hul vrouens en girlfriends belieg en bedrieg, want enkellopende mans kry gewoon-lik meer seksuele opwinding as mans in verhoudings.

Ek was in 'n emosioneel bisarre toestand soos net 'n swanger vrou kan wees. Maar die nesskop-instink het my behoorlik getref. Ek wou en kon nie meer in klubs met harde musiek, dronk mans en rook wees nie. Ek wou in 'n veilige omgewing wees, ek wou nie bewegings maak wat my baba kon seermaak nie en ek wou haar beskerm teen die kommentaar van onsensitiewe bullebakke met klein-pielietjie-sindroom, al was sy nog nie gebore nie.

Daar was engele in die Streelkasteel. Michelle was en bly een. Ek sal Michelle altyd as 'n engel op my pad beskou. Sy was daar met haar deernis en vrede. Haar aura het getuig van iemand wat stil is in haarself, wat nie maklik van koers af gedwing kan word nie. Sy was nie veroordelend nie, sy't nie te veel vrae gevra nie. Sy't als geweet. Michelle was die eienares van die Streelkasteel en het een van my goeie vriendinne geword. Sy en die res van die meisies het my deur my swangerskap gedra. Ek was heeldag in die geselskap van vroue, elkeen met 'n eie tragiese of tragikomiese verhaal.

Dit was 'n verligting om by die Streelkasteel te werk, omdat ek dit in die dag kon doen. Ek het nie nodig gehad om in die vroeë oggendure deur strate vol dronk mense te ry en te hoop niemand agtervolg my nie. Die mans wat na die Streelkasteel toe gekom het, was ook nie dronk nie. Hulle het gewoonlik oor middagete gekom of net na werk, maar teen tienuur saans was die deure gesluit en almal veilig tuis.

Om vir die eerste keer 'n erotiese massering te doen en boonop hoog swanger te wees, is nogal 'n ervaring. Die vrae wat by my opgekom het was lagwekkend. In die eerste plek is draadtrek nie so eenvoudig soos wat 'n mens dink nie, en mans ook nie. Alle mans is beslis ook nie dieselfde nie. Ek het angstig geraak. Wat as ek dit verkeerd doen? Wat as ek aanhou en aanhou en aanhou en aanhou en niks gebeur nie? En waar moet ek kyk as die ou uiteindelik kom? Dis eintlik só onnatuurlik as jy nie intiem by die ou betrokke is nie.

Moet ek plafon toe kyk?

Moet ek hom in die oë kyk? (Asseblief net nie dit nie!)

Moet ek afkyk?

En wat sê 'n mens as die customer nou sy bydrae tot die verrigtinge gelewer het?

Ek dink die eerste paar keer het ek iets soos *Aitsa!* of *Daar's hy!* gemompel.

Dan is die volgende vraag natuurlik: Wáár kom hy?

Op sy maag?

Op 'n handdoek, of wat?

Ek vind toe uit dis op jou hand. En dit sou uiters slegte etiket wees om ná die komskoot die goed onmiddellik van jou hande af te vee, in die lug te probeer afskud of om 'n gesig te trek. Kyk, by die Streelkasteel word elke man se semen verafgod, al is dit groen, want hy gaan nie terugkom as hy 'n spesmaas kry jy aanvaar nie sy liggaamsvloeistowwe in liefde nie.

Die eerste man wat 'n treatment by my gekry het, was die Streelkasteel se mede-eienaar. Hy't my plegtig die Gebooie van Draadtrek voorgelees. Bowenal moes ek die customers laat voel ek gee regtig om ...

Ek het baie geleer van menslikheid by die Streelkasteel. Van meegevoel, van toneelspeel, van die kameraderie tussen vroue, hoe hulle mekaar soos wolwe kan beskerm, maar ook hoe onbetroubaar en emosioneel onstabiel hulle kan wees. Michelle self het by 'n latere geleentheid vir my gesê sy het in die masseerbedryf geleer daar is meer eerlikheid by mans te vinde as by vroue, en dat sy 'n groot gly in vroue gevang het.

Die customers wat effens aangeklam was, was altyd die moeilikste. Jy voel later soos 'n Boesman wat verwoed 'n vuurtjie aan die gang probeer kry, maar die kêrel sukkel om sy vonkies te laat skiet. En die ergste is: hulle *wil* so graag.

Ek het 'n customer gehad wat 'n kankerlyer was. Sy komskoot was siekgroen. En ek moes hom aanvaarbaar laat voel, nie my gesig wegdraai nie, nie gewalg lyk nie. Hy't my oor en oor bedank. En vir my gesê geen ander vrou was bereid om daarmee opgeskeep te sit nie.

Ek moes 'n patologiese nerd wat heeltyd sy pruikie op sy kop reggeskuif het laat voel of hy Austin Powers op steroids is. Sy lyf het met die fyndraai só geruk dat hy byna die bed gebreek het. En ek kon nie vir hom lag nie.

Daar was die advokaat. Hy was erg gestres en impotent. Ek het hom so ver gekry om van sy onvermoë te vergeet dat hy uiteindelik amper sy eie gesig raakgespuit het. Ek moes ure lank met hom speel sonder om die aandag op sy penis te vestig. Ek het net liggies aan hom geraak, kaal op hom gesit en hom liggies geterg, oor koeitjies en kalfies gesels totdat hy 'n spontane ereksie gekry het. En dit terwyl ek absoluut *niks* vir die man voel nie.

Daar was die ou wat kort tevore deur die ongelooflikste trauma gegaan het. Ek moes hom vashou, geliefd en veilig laat voel. Ek het regtig gesukkel om die emosionele intimiteit waarna hy so gesmag het na te boots.

Daar was die wonderlikste man wie se testikels verwyder is nadat dit in 'n rugbywedstryd afgeskop is toe hy agttien was. Die vrou vir wie hy oneindig lief was, is dood en hy het nie kans gesien om vir elke date te verduidelik hoekom hy net 'n penis met 'n leë sakkie het nie. Ek het my bes gedoen om sy vertroue in sy manlikheid weer te herstel.

My grootste vernedering was die ou wat wou hê ek moes in sy oë kyk terwyl hy kom. Ek kon nie. Ek kon net nie. Hy't sy moer vir my gestrip en sy geld teruggevra. Ek kon hom nie bevredig nie.

Daar was ander ook van wie ek liewer wil vergeet.

Een ou was 'n psigopaat. Ek is oortuig daarvan. Hy't my vertel hy het 'n mes in sy sak gehad en dat hy my borste wou afsny en saam met hom huis toe vat. Ek het gevoel hoe my uitgeswelde maagspiere saamtrek om my ongebore kind nader aan my lyf te trek. Ek kon eenvoudig nie klaarmaak nie. Die man se energie het soos kak teen die mure gesit. Sy oë was diep en donker en onpeilbaar gevaarlik. Ek het uitgestorm en my beskermengel Michelle het hom vriendelik dog ferm die deur gewys.

Dan was daar die klein Chinese mannetjie wat die heeltyd vir my vertel het hoe lelik swanger vroue vir hom is. Hoe meer ek voorgestel het dat ons iemand anders roep, hoe meer het hy aangedring dat ek bly. Hy het aangehou en aangehou en sy ereksie het al hoe groter geword. Die bliksem het homself jags gepraat deur my verbaal te misbruik, nes Patrick Po in Parys. Dit het hom groter laat voel as wat hy ooit sal wees.

En ek het dit toegelaat ...

Daar was Richard. Hy't nie in draadtrek belanggestel nie, hy wou my penetreer. Maar penetrerende seks was nooit deel van ons repertoire by die Streelkasteel nie. Richard is 'n prokureur, 'n indrukwekkende slim man. Met 'n indrukwekkende klein pielietjie. Ek is nou nog bang vir mans met klein pielietjies of enigiets wat na klein-pielietjie-sindroom lyk. Dis húlle wat gevaarlik is.

Ek het my laat verkrag.

Hy't my beveel om handeviervoet op die bed te staan en ek het net daarop gefokus om asem te haal. Ek dink hy't 'n pistool by hom gehad. Hy't van agter af iets in my opgedruk wat hard en koud was. Ek was bang. Ek dink ek het my in 'n stadium natgepie. Ek was rêrig oortuig hy wou my doodskiet. Maar hy het nie. Toe hy met my klaar was, het hy 'n rol note in my hand gedruk en geloop. Ek het gaan stort. Lank. Maar ek kon hom nie van my afwas of uit my gedagtes kry nie. Vir weke nie.

Ek dink die heel ergste was die ou op Valentynsdag. Hy was 'n vreeslike vriendelike, ordentlike man en uit sy praatjies kon ek aflei hoe baie sy vrou en kinders vir hom beteken. Die rook het omtrent uit my brein getrek soos ek probeer uitwerk het wat máák die ou dan hier? Terwyl ek toe met sy penis in my hand gesit het, lui sy selfoon. Oeps. Sy vrou, het hy beduie, en gewys dat ek moet voortgaan.

"Ja, my skat," het hy geborrel, "ek's net gou hier by die hardewarewinkel, ek sal jou en die kinders sommer by McDonald's kry. Jy moet sien watse mooi present ek vir jou het. Lief vir jou! Oukei, koebaai!"

Sekondes later het ek sy warm semen op my hand gevoel. En hom vir ewig en altyd begin haat.

Ek meen nou dié skurk het enige hoop op emosionele intimiteit met 'n man vir my vir ewig opgefok.

Dus wéét ek wat druk is, menere Tweedledum en Tweedledee. En dit het niks met sperdatums te doen nie.

Weet julle wat? Daardie druk het my geleer wat empatie is, hoe om mense soos mense te laat voel. Ek het geleer hoe mense se selfbeeld en seksuele selfvertroue herstel word as jy hulle met deernis behandel. Ek het geleer hoe mense se ingebore vrees vir verwerping teen betaling weggewank kan word, al is dit dan net tydelik. En ek het geleer dat bittermin mans vertrou kan word, dat monogamie onnatuurlik is en dat ek daaraan twyfel of ek ooit weer emosioneel intiem met 'n man sal kan wees.

Ek sou my vervulling in moederskap vind.

\* \* \*

Wanya is op 28 Mei 2004 gebore. Ek het die datum op my rug laat tatoeëer. Haar naam beteken "Grace of God". Dis Russies en 'n verkleiningsvorm van Ivan, wat eintlik 'n manlike naam is, maar Wanya was vir my net só mooi. Dit pas by haar, soms soos in Ivan the Terrible, omdat sy dít ook kan wees.

Dit het my 'n leeftyd gevat om tot by hierdie punt te kom, al is my hare vol kots of pap en my klere vol joghurt en kaassmeer.

Ja, in moederskap vind ek my vervulling.

Ek sal vir altyd in ekstase wees oor haar besluit om my 'n ding of twee te kom leer op hierdie planeet. Aan die begin was dit hel om alleen vir haar aan die lewe te probeer hou, maar dit was 'n hel wat ek vir geen hemel sou verruil nie.

# 4. WANYA

'n Tannie wat lyk of sy my ma wil wees kom loer by die onderhoud-
vertrek in. Sy is rêrig baie vriendelik, met 'n groot glimlag vol
goue vulsels in haar voortande. Sy wil weet of die die vier oompie-
kedoompies nie al lus is vir tee nie.

Hulle werk dan tog so hard.

Tannie Goue Glimlag blom as die vier oompies positief op haar
versoek reageer.

"Ons verstaan jy's 'n enkelma, Karin?" vra Tweedledee 2. "Sal jy
verpligtinge as 'n senior joernalis by 'n koerant kan nakom? Dis mos
nie speletjies om 'n enkelma te wees nie."

*Nee, meneer, dink ek, dit is nie – en waar ek vandaan kom nog minder
so. Maar dis hoekom ek hier is. Ek is hier omdat ek op soek is na 'n
werk waarin ek kreatief kan wees, maar dat ek nie 'n verleentheid vir
my kind hoef te wees wanneer sy groter word nie. Hoe gaan ek vir
haar verduidelik dat Mamma stories vir draadtrek-tydskrifte skryf?
Of nog erger: Mamma gaan 'n bietjie kaal dans vir ooms, so ek gaan
nie vanaand by die huis wees nie, lees maar jou eie slaaptydstorie en
maak vir jouself kos. Of wat van: Mamma masseer gou hierdie oom se
tottermannetjie omdat sy vrou nie meer lus is vir hom nie. En weet jy
wat gebeur dan as 'n tannie nie meer lus is vir haar man nie, my kind?*

*Dan gaan verneuk hy haar. Hy gaan na 'n stripklub toe en koop die fantasie dat Mamma graag vir hom 'n verleidelike dansie wil doen, of hy gaan na 'n masseersalon toe waar Mamma hom vir 'n uur lank soos 'n koning laat voel.*

"Ja," sê ek aan die waardige here, my gesig dié keer uitdrukkingloos. "Ek sal my verpligtinge kan nakom. Enkelma wees is nie só erg nie."

\* \* \*

Ná Wanya se geboorte het my aande anders geword.

Sy het saans gewoonlik so teen agtuur aan die slaap geraak en kort daarna het ek – nie sonder 'n moerse dosis innerlike én uiterlike konflik nie – ook uitgepass. Ek was elke aand gestroop van krag en geduld en teleurgesteld in my onvermoë om net één aand later as agtuur wakker te kan bly.

Ek het myself soms dapper daarvan oortuig dat ek steeds 'n lewe gehad het, dat ek tog wel aktiwiteite in my daaglikse roetine gehad het wat totaal onverwant aan Wanya was. (Dís nou as ek nog wakker is na agtuur.) Ek het met 'n boek in my bed gelê en myself daarvan probeer oortuig dat ek besig was om te lees. Dit het nooit gewerk nie, want kort voor lank was die boek op die vloer en ek ook vas aan die slaap.

Wanneer ek dit wél reggekry het om wakker te bly nadat Wanya aan die slaap geraak het, het ek soos 'n besetene op en af getrippel omdat ek so opgewonde is oor die bietjie ek-tyd dat ek nie kan besluit wat om eerste te doen nie. Moet ek bad, lees, skryf, skottelgoed was, wasgoed was, my naels vir 'n verandering verf en my hakke skuur? Moet ek net chill en TV kyk, of moet ek myself probeer oortuig dat ek nog 'n seksuele wese is en 'n lover bel om oor te kom vir 'n *slap and tickle* op die bank? Ek moes teen die spoed van wit lig besluit, want my vermoë om wakker te bly was net so beperk soos Wanya se vermoë om nie te huil nie.

Teen die tyd dat ek op 'n aktiwiteit besluit het en myself heerlik daarin begin inleef, was dit weer sulke tyd. Wanya kerm. Hard en oortuigend. Sy wil nie alleen slaap nie. Sy wil 'n sappie hê. Of 'n melkie. Of 'n melkie én 'n piesang. My hart sak tot in my kaal voete. Gaan ek óóit weer tyd vir myself hê?

Die bank in die sitkamer was maar my erotiese boudoir, want Wanya het in my bed geslaap. Die boudoir was daar vir indien ek nog enigsins die energie en koerasie sou hê om dit vir seks aan te wend. Die kere wanneer dit wel gebeur het, was Wanya se tydsberekening soms ongelooflik tegemoetkomend: sy't net ná my orgasme begin huil. Indien haar tydsberekening uit was, was dit klaar met kees.

En hoe verduidelik jy nou aan 'n potensiële lover dat jy nie vir Wanya by 'n oppasser wil los nie? 'n Oppasser gaan mos nie haar bioritmes, behoeftes, gebrabbel en allerhande maniertjies verstaan nie? Ek het haar mos gekry sodat ék haar kan oppas, nie 'n oppasser nie. Dink jy nou werklik ek sal met jou uitgaan as ek nie weet of my kind orraait is nie? Miskien eendag wanneer sy self kan praat en ek aan haar kan verduidelik dat ek netnou terug sal wees. Intussen moet jy my maar vanaand van agt tot nege op die bank kom kafoefel. En asseblief: hou jou in, jy mag jouself glad nie so opwerk dat jy raas nie.

Dit was genoeg om enige man met 'n sous wat die kool werd is, te oortuig dat ek totaal van my sinne beroof was.

En 'n control freak daarby.

Ek het dus merendeels my aande alleen deurgebring en saam met Wanya uitgepass.

Ek het geleer om soveel energie as moontlik te bespaar, want ek het nooit geweet wat in die loop van die nag kon gebeur nie. En Wanya was nie een van daai babas wat dikgevreet kon deurslaap nie. Nee, sy was duidelik van mening dat as jy vir te lank slaap, jy iets belangriks mis. Sodra ek die lig opgewonde afgesit het met 'n paar uur se heerlike nagrus in die vooruitsig, het haar krete langs my begin opklink. Ná so tien minute se gesus – wat soos tien jaar en verskeie ekstra karakterlyne op my gesig gevoel het – kon ek uiteindelik ononderbroke slaap.

Vir so drie ure.

Wanneer Wanya se volgende nokturne opgeklink het, het drie ure soos tien minute gevoel.

Teen die tyd dat jy jou baba tussen die magdom beertjies, apies, hondjies, kussings en komberse uitken en haar bereik sonder om in die proses soos 'n os op haar te val, het haar nokturne reeds die lawaaivlak van 'n huisalarm bereik. Ek het altyd my ore gespits vir die bure se geklop aan die deur om te kyk wat de fok jy besig is om aan die kind te doen. In 'n woonstelblok kan almal elke geluidjie hoor. Veral in dié een. Hier kan jy mense deur die pype hoor poep.

Wanneer jy uiteindelik vir baba en haar bottel met mekaar herenig het, raak die geteem stil en 'n lieflike, magiese stilte sak oor die gebou neer. Dan wip jy angstig terug op jou bed om nie 'n sekonde se slaap te verkwis nie.

Hierdie keer hou die vrede miskien 'n uur voordat die hele oefening herhaal word. (Dis nou élke uur, onthou.)

Skuins voor vyfuur die oggend word sy kraaiend en uitgerus wakker en strek haar lyfie behaaglik uit asof sy pas die mees vernuwende slapie van haar jong lewe agter die rug het. Dis dán wanneer jy van vermoeienis wil begin huil, want nou moet jy óók op.

Koffie in die kombuis was gewoonlik 'n out-of-body experience, en daarna het die koorsagtige heen-en-weer-gehollery begin.

Wanneer ek klaar gespook het om haar aan te trek, sit ek haar pap of joghurt hoopvol met 'n lepeltjie voor haar neer en smeek haar om mooi te eet terwyl Mamma net gou gaan aantrek en haar grimering in die badkamer doen.

Teen dié tyd sweet ek erger as 'n heroïenverslaafde wat 'n oordosis ingekry het en die sweet laat my hare kroes. Die uiteinde van die verhaal is dat ons tweetjies die huis verlaat met ek wat net halfpad gegrimeer is en my verskrikte hare wat in 'n slierterige ponie vasgemaak is en wat Wanya al klaar met 'n ywerige handjie skeefgetrek het.

Wanya het gewoonlik darem skoon klere aangehad, met vars joghurtvlekke (maar vars vlekke is beter as oues), hoewel haar klere nie bymekaar gepas het nie. Daar was net nie op enige gegewe tydstip genoeg skoon klere wat by mekaar gepas het nie, maar wat: ons is wakker, ons het klere aangehad en sy't ten minste twee blertse joghurt in haar magie gekry.

Wanneer ek uiteindelik vir 'n klouende Wanya en haar sak vol bykomstighede (bottels, dummies, doeke, sonbrandroom, boudroom, muskietroom, wet wipes, fyngemaakte groente, vrugte en pasta) aan die brawe juffrou by die skool oorhandig het, het ek ligvoets kar toe geloop – twaalf kilogram ligter.

Dan het my gedagtes helderder geword – ek was vry om in vrede werk toe te gaan, al het ek op pad kar toe besef dat ek wéér my bra vergeet het en dat die T-hemp wat ek dra eintlik al deel van my nagklere is. Die ander mammies loop met skoon en gestrykte tweestukpakkies en lyk baie kalm en in beheer.

Fok hulle sommer verskriklik.

Gelukkig is daar nie baie tyd om aan 'n minderwaardigheidskompleks te ly as jy 'n enkelma is nie.

Teen halfvier die middag het die naelstring sterk aan my begin pluk en het ek in my higiënies gestremde kar gespring om vir Wanya te gaan haal. Partykeer het my kar by elke verkeerslig gevrek, want ek was so haastig om by haar uit te kom dat ek baie keer sommer in vierde rat weggetrek het. Ek het onelegant oor elke spoedhobbel in die pad gewip, want ek kon nie vinnig genoeg by haar uitkom nie. Die naelstring het met 'n onweerstaanbare krag getrek.

Dan volg die daaglikse tour de force om op die tweede verdieping van ons woonstelblok uit te kom met die hele geselskap: ek, Wanya, my sak, Wanya se sak, inkopiesakke en 'n pak doeke wat nie handvatsels het nie. Wanya het ook nie handvatsels gehad nie. Ongelukkig nie. Sy was wriemelend en swaar, al het sy ook net eintlik Prestik en vetkryte geëet. My arms het al gelyk soos Linda Hamilton s'n in *Terminator*, en my bene soos Arnold Schwarzenegger s'n, maar steeds het ek nooit genoeg krag gehad nie.

Wanneer ons dan met ons ganse gedoente by die huis ingeval het, was dit badtyd, storietyd, eettyd en slaaptyd. Dinge het egter nie in daardie spesifieke volgorde verloop nie.

Alles het gewoonlik gelyk gebeur.

Tot agtuur …

\* \* \*

"Lees jy redelik baie koerant, Karin? Jy verstaan wat 'n tabloid is, nè?" vra Tweedledum 2. Ek glimlag instinkmatig. Ek glimlag ook omdat ek onderneem om hom reguit te antwoord.

"'n Tabloid, soos ek dit verstaan, is 'n skinderkoerant. Ek lees al die koerante wat ek in die hande kan kry. As redakteur van *Loslyf* is dit omtrent die hoogtepunt van my dag om 'n bietjie koerant te lees. Dis lekker om te lees wat oral in die wêreld aangaan en dat daar mense daarbuite is wat meer as net hulle geslagsorgane gebruik. Dis lekker om te wonder oor iets anders as waar ons ons volgende centrefold gaan kry in 'n land waar die meeste meisies wat hulle bene vir 'n kamera ooprek lelik, vol dwelms, swanger, arm of minderjarig is. Beantwoord dit jou vraag?"

Tweedledum 1 kug ongemaklik. Tweedledee 1 bloos. Tweedledum 2 kyk my deur skrefiesoë aan. Daar is 'n kort maar swanger stilte.

Tweedledee 2 spring dan met 'n vraag van die oorkant af in: "Sal jy byvoorbeeld as verslaggewer kan berig oor die goed wat jy sien gebeur? Selfs al gebeur dit met mense wat jy ken?"

Ek aarsel. "Uhm, ek verstaan nie so mooi nie?"

"Gestel 'n kennis van jou wat ook toevallig 'n celebrity is knyp die kat in die donker, en jy weet dit vir 'n feit – sal jy dit kan skryf in die koerant? Sal jy die ou kan ontbloot, en nie bekommerd wees dat as sy vrou dit lees dit dalk die eerste is wat sy daarvan te hore kom nie?"

"Ek sal skryf wat ek moet skryf," antwoord ek amper kortaf.

Tweedledum 1 glimlag nou breed. Dit lyk of hy ook goue vulsels in sy voortande het. Dalk is die teetannie sy ma.

"Dink jy jy's die regte persoon vir hierdie werk?" vra hy.

My blik huiwer nie. Want ek het genoeg gehad. Van al vier van hulle. Ek wag tot ek elkeen se aandag op my gevestig het en sê dan: "Daar is by my geen twyfel dat ek die regte persoon is vir die werk nie."

Stilte.

Ek het 'n hol kol op my maag. En ek voel skielik 'n bietjie naar. Die werkonderhoud is so te sê klaar, lyk dit my. Hulle kyk na mekaar. Hulle kyk na my.

*Kom nou, oompies! Julle het nou genoeg om vir die res van die dag oor te gesels. Julle het nou 'n bietjie ligte vermaak gekry in julle vervelige taak om mense vir die koerant aan te stel, so laat my nou net gaan. Asseblief. Ek voel simpel. Ek wil huil. Ek wil hier uit. Dis duidelik dat niemand my ooit weer ernstig gaan opneem nie.*

"Het enigeen van julle nog iets om te vra?" Dis weer Tweedledum 1. Die ander skud hulle koppe. Hulle kyk nie meer vir my nie.

"Het jý iets om te vra, Karin?"

Wat moet ek vir julle vra? Of julle al in 'n stripklub was? Of ek dalk een van julle al in 'n masseersalon raakgewank het? Julle hoef net één ding te doen: gee my die werk …

Ek lag, en lag 'n bietjie langer as wat ek beplan het. "Nee, menere, ek het geen vrae nie."

Ek het hulle bedank vir die geleentheid om 'n onderhoud te kon hê en stadig my een been van die ander een afgeswaai, opgestaan, my pornografiese tydskrifte opgetel en by die deur uitgeloop. Ek het aanhou loop tot by my kar en nie teruggekyk nie, want ek het geweet ek sou hierdie plek nooit weer sien nie.

Ek was in trane.

*Julle fokkers. Kyk wat het julle aan my gedoen!*

Ek kon nie wag om terug in my kantoor te wees nie; terug in die veilige arms van 'n wêreld waar ek my smetterige self kon wees.

Maar ek wou nie meer daar wees nie.

Ek wou nie in 'n plek wees en werk doen waarvan ek my kind nooit kon vertel voor sy agttien is nie.

'n Week na die werkonderhoud het ek 'n oproep gekry van 'n baie bot en saaklike personeelbestuurder. "Wanneer kan jy jou kontrak kom teken?"

*Huh? Ekskuus?*

"Ons wil jou graag 'n aanbod maak," het hy gesê. "Wanneer kan jy inkom om na die kontrak te kyk?"

Ek wou nie die foon neersit nie. Ek kon nie ophou dankie sê nie, tot die personeelbestuurder se duidelike irritasie. Ek wou hê hy moes sommer groete stuur aan sy pa en ma, wie hulle ook al is, om nie eens te praat van die vier oompies nie.

Hierdie wildvreemde man het my lewe handomkeer verander.

Sal hy dit ooit weet? Sal hy ooit besef wat presies sy oproep vir my beteken het? Dit het gevoel asof ek die Lotto gewen het.

Ek het uiteindelik 'n kans gehad om normaal te wees. Om vir my kind te kan sê wat ek doen vir geld.

Om mense waterpas in die oë te kan kyk as hulle my vra: "So, Karin, wat doen jy vir 'n lewe?"

Om nie meer 'n dreigement te wees vir elke man wat met my wil uitgaan nie, en 'n bedreiging vir elke vrou wat my ontmoet nie. *Nee, ek wil nie jou man wank nie; nee, ek wil nie vir hom strip nie; nee, ek wil hom nie naai nie. Hou hom: hy's joune.*

Ek wil iets wees waarop my kind trots kan wees. Al kan ek niks vir haar wegsteek nie, al gaan sy alles van my verlede weet (want ek glo om vir jou eie kind te lieg oor wie jy is of was is krimineel) en al gaan sy haar dalk eendag doodskaam.

Wanya sal weet ek het genoeg vir haar en vir myself omgegee om ons lewens op 'n normale pad te kry.

Sy sal wéét sy't my gered van 'n pad waarop ek nie verder kon gaan nie.

# 3
# ANDERKANT DIE EERSTE FYNDRAAI

# 1. KONTAKSPORT, KOKAÏEN EN SPOEDVRATE

"Ek dink ek moet een kry," sê Karin.

"Wat?" vra Carel.

"'n Laptop," antwoord sy. "Soos joune."

Hy glimlag. "Is jy dan nog een van daai outydse pen-en-nota-boekie-joernaliste?"

"Ja én nee. Ek gebruik 'n bandopnemertjie ook."

"So, krý vir jou 'n laptop – dis deesdae die reël, nie die uitsondering nie. As senior joernalis behoort jy een te hê. Boonop kan 'n mens meer uitrig met 'n laptop as met 'n skootdanseres."

"Dis 'n kwessie van prioriteite. Ek hét 'n rekenaar by die werk. Boonop kry ek nie baie tyd nie; Wanya hou my besig. Gepraat van haar, ek moet netnou ry en haar by haar pa gaan haal."

Hy rol sy oë. "Praat jy en hy nog met mekaar?"

"Ja. Ons praat. Elke keer 'n bietjie meer en 'n bietjie beter. Eers wou ek glad nie, maar ek wil haar nie van hom weghou nie. Ek het lank daaroor nagedink. Ek wil nie hê sy moet sonder hom grootword nie. Hy's 'n goeie pa vir haar; hy betaal nou onderhoud ook. Ek dink hy doen sy bes."

Dit was 'n lang grondpad van duskant die eerste draai af, dink Carel. En nou moet hulle die teerpad en snelweg vat.

"Die helfte van jou storie is nog nie vertel nie, Karin. So, kom ons gaan weer terug na waar jy was voor jy die werk by die koerant gekry het. Jy moet nog vertel van die dwelms."

"Om nie eers te praat van al die customers nie! Ek het dié blik vol wurms ook nog nie eers hálfpad oopgemaak nie ..."

"Ja. Jy moet my ook nog vertel van toe jy Mej. Kaalgat was.

"En van die bikers, die booswigte en die blou movie waarin jy gespeel het."

"Kom ons begin by die drugs," sê sy. "Shit, dis 'n duur en harde kontaksport."

\* \* \*

Dit het alles begin by 'n verbeelding waarvan die teuels heeltemal los was. En later só los geraak het dat ek nie meer geweet het wat kom ná tandeborsel in die oggend nie.

Snaaks genoeg, dagga was nooit my ding nie. Ek hou nie van die reuk daarvan nie en dit voel heeltyd of daar iets in my keel vassit. Dis net nie vir my lekker nie. Ek het wel eenkeer dagga gerook en werklik gedink ek gaan 'n hartaanval kry van al die gelag. Glo my, dis 'n anderster ding om só te lag dat jy dink jy sal doodgaan daarvan. Ek hou ook nie van die rot-op-'n-wieletjie gevoel nie: om en om en om en nêrens heen nie.

Ag nee, wat: ek's meer van 'n spoedvraat. En ek praat nie nou van karre nie.

Voor ek van rat verwissel het, het ek tóg soos menige sielkunde-student eers die hippiedraai gaan loop. Met acid, LSD – lisergien-suur. Heerlike, wonderlike, vrugbare lisergiensuur.

Ek het besluit om vir my pa te sê ek gaan dit probeer. Hy moes hare op sy tande gehad het. Hy't vir my 'n dik stapel inligting ge-stuur wat hy op die internet gekry het – van die legendariese dr. Albert Hoffmann en sy eksperimente met wat hy "medisyne vir die siel" genoem het tot die kaskenades van Timothy Leary, die Amerikaanse skrywer en sielkundige wat die meer algemene gebruik van LSD in die 1960's probeer bevorder het.

Ek dink my pa was baie braaf. Hy't net vir my gesê: "Ek het alles gelees en ek wil nie hê jy moet dit doen nie, maar dit bly steeds jou eie besluit."

Natuurlik het ek gevrek om acid te doen. *Wow, baby!*

Dit was hemel.

En dit was hel.

Want verbeelding kan jou ook mal maak ...

Ek het in Alice in Wonderland verander as ek acid gedoen het en heeltyd agter die wit haas aangehardloop tussen die rose en dorings van Emmarentiadam se roostuin. Ek het in woeste draaikolke beland en gevoel hoe seewier aan my lyf vaskleef. Ek was onder water en dan bo-op die Drakensberg tegelyk.

Dit was só mooi.

Ek kon selfs in Eskom-kabels sien hoe die elektrisiteit daardeur beweeg, heen en weer, heen en weer.

Dit was leersaam en opvoedkundig, of hoe?

Tot die dag toe ek in 'n tydbom vasgeloop het en by die woonstelbalkon wou afspring.

Dit was nie 'n bom nie. Dit was maar net 'n stoofplaat wat besig was om af te koel.

Een oggend het my vermoë om my bewegings te beplan my verlaat. Ek moes lysies maak oor wat om te doen nadat ek in die oggend opgestaan het. Wat kom volgende?

Opstaan.

Loop deur toe.

Maak oop.

Loop badkamer toe.

Gaan piepie.

Loop terug.

En so aan. Ek moes die aktiwiteite op my lysie afmerk, een vir een, anders sou ek nooit by klasdraf uitgekom het nie.

Ek het toe, ná my laaste acid trip, seker 'n week lank in my koshuis-kamer gebly en my vriende het my gehelp om my bewegings te koördineer. Gelukkig het ek mettertyd reggekom, maar ek het besef dit was die laaste. Nóóit weer nie.

Ná varsity was daar 'n tyd dat ek letterlik geen dwelm in my lyf gehad het nie. Veral nie ecstasy en dagga nie – jy kan 'n rewolwer teen my kop hou, maar om een of ander rede kan my liggaam dit net nie hanteer nie.

In fact, ecstasy het my net baie depressief gemaak en alleen in hoekies laat sit. Dalk sou ek weer 'n sprong van die woonstelbalkon oorweeg het.

In my eerste paar maande as stripper het ek my aan niks vergryp nie, behalwe rooiwyn.

Die eerste keer toe ek kokaïen gedoen het, was soos toe ek die eerste keer 'n sigaret gerook het: ek het niks daarvan gehou nie. Maar net soos met sigarette het ek myself gedwing om deur te druk daarmee: Toe nou, jy kán mos!

Ek móés daardeur, seker. Want die Here weet, daar is niks so lek-ker soos om nugter te wees soos nóú nie.

Terwyl ek daaraan dink: veral seks is die beste wanneer 'n mens totaal nugter is. Moenie dat die daggakoppe jou ander kak vertel nie. Jy kan eenvoudig nie intiem met iemand wees as jou brein deur énigiets aangetas is nie.

My eerste lyn coke was, soos gesê, onaangenaam. My hande het styfgetrek en ek kon nie ophou praat nie. Later het coke my kruk geword. Daarsonder kon ek nie meer regop bly vir vyftien ure nie. Maar hoe meer coke ek gedoen het, hoe meer het ek begin suip. Later moet jy 'n lyn coke doen sodat jy kan regop loop, want dit flous jou brein om te dink jy raak meer nugter.

Maar coke maak jou siel dood. Swart en dood.

Ek het gewoonlik kaal rondgehol op coke (maar met my kop wel bedek deur my swart danssluier) en vir mense kokipenne gegee om op my te teken. My boyfriend in daai stadium, die klubeienaar, se vriend moes eenkeer nadat ek in 'n kar uitgepass het, my mond toedruk en vir my coke deur my neus laat inasem sodat ek weer kon opstaan om self badkamer toe te gaan.

Toe ek vermoed ek's pregnant, wou ek natuurlik ophou, maar toe was dit te laat om nee te sê vir die gangster wat vir my coke laat haal het, dieselfde gangster wat 'n ander klubeienaar se oor afgesny het – hy't sy mes in my neus gedruk en ek moes dit van die lem afsnuif.

"Snuif – en moenie my fokken coke mors nie!" het hy my onheilspellend beveel.

Gelukkig het ek nooit heroïen gedoen nie. Miskien het my redding daarin gelê dat dat ek nooit Elize se gesig sedert die Hillbrowdae kon vergeet nie. Toe ons haar kamerdeur oopgeskop het, het sy net daar op die bed gelê, in 'n bondeltjie. Seker 'n halwe dag lank al. Haar oë was wyd oop asof sy geskrik het, maar hulle was leeg, sielloos en morsdood. Daardie beeld is vir ewig in my geheue geëts. Ek sweer haar gees spook by my.

Nog steeds.

Nee, coke en alkohol saam was my ding. Dit was die kombinasie wat my deur die hele stripstorie gedra het.

By die Streelkasteel was ek totaal nugter, omdat ek pregnant was en daarna 'n baba gehad het wat in die kombuis vir my gewag het. Tussen customers. As Wanya by my ma of pa was, het ek wel by *Loslyf* se paarties weer coke gedoen. En gedreig om myself die volgende oggend 'n hele paar keer om die woonstelblok te skop omdat ek so stupid was.

Ek sê wéér: Wanya het my gered.

Sy't my geleer om haar behoorlik te kan liefhê, moet ek ook liefde aan myself betoon.

Ek onthou ek het nog met 'n bottel Smirnoff Spin in my hand op die toilet gesit en piepie op daai tuis-swangerskaptoets se dingetjie toe die tweede pienk strepie reeds verskyn ... ek was *beslis* pregnant!

Toe voel ek sommer klaar dronk. Ek kon nie daai Spin klaar drink nie. Nee, het ek besef, ek moes ophou drink en ophou coke snuif.

Maar nadat Wanya gebore is, het ek maar weer begin drink. En die coke was beperk tot tydskrifpaarties wat ek as redakteur moes bywoon omdat ek nog shows gedoen het.

Die volgende dag moet ek weer ma wees en daar's nie tyd vir hangovers nie. Dit was hel. Die snaakse ding is terwyl jy in die situasie is, probeer jy net om te oorleef en as jy dit regkry, oortuig jy jouself dis als oukei.

Maar dis nie lééf nie. Dis net óórleef. En daar's nie plek vir joyful abandon in oorleef nie. Jy's net die heeltyd verlig dat jy niks oorkom of oorgekom het nie. Jy kom nooit naby aan werklike selfliefde of liefde vir ander nie.

Die effek van coke op my was altyd fantasties – ek het wawyd wakker gevoel, vol energie. Ek het nogal baie sorgsaam geraak op coke – ek wou heeltyd gunste vir mense doen vir wie ek absoluut niks gevoel het nie. Jy raak sommer lief vir mense met wie jy normaalweg nie eers sou praat nie. Jy maak die wonderlikste planne waarvan daar nooit iets kom nie.

Jy piepie in fonteine en oorhandig skêre aan vreemde mans sodat hulle jou rok van jou lyf af kan sny.

Ek het dit óók gedoen.

Die hangover was egter altyd die ergste.

Soos jy jou kan voorstel, was my verhouding met die klubeienaar nie baie goed vir my fisieke of geestesgesondheid nie. Dit was hopeloos te vol coke, en as gevolg daarvan dit wat sielkundiges *attention deficit hyperactivity disorder* noem. Hy moes my eenkeer vroegoggend ná 'n deurnagpartytjie herinner om asem te haal. Ek was byna dood. Op die ou end het hy my na 'n gangster-dwelmdokter gevat om 'n pompie te kry; ek kon eenvoudig nie sonder hulp genoeg asem in my longe kry nie.

Ek sukkel nóú nog om diep asem te haal. En my reuksintuig is geheel en al opgefok. Daar's nie 'n ander woord voor nie. Die huis kan afbrand en ek sal aarbeie ruik.

En wat het ek na dit alles daaruit geleer?

Niks is werklik as jy nie *by* genoeg is om dit te beleef nie. Jy verloor kosbare, onherwinbare tyd. Waarin jy kon liefgehad het en gelééf het.

Jy gaan nêrens heen nie; jy beweeg nie eers regtig nie. Jy maak net geraas.

Daar's géén liefde in drank of dwelms nie. Wat daar is, is nie werklik nie. Daar's geen god of God daarin nie. Dis nou as jy wil argumenteer dat God liefde is. Daar's geen God óf liefde in dwelmmiddels nie. Daar's nie liefde vir jou eie liggaam en siel of die liggaam en siel van 'n ander mens nie.

En geen ma kan 'n behoorlike ma wees as sy drink of dwelms gebruik nie.

Die laaste keer wat ek coke gedoen het, was toe Wanya drie jaar oud was. Ek was vir omtrent 'n jaar skoon toe die versoeking oor my pad gekom het.

Die skuldgevoelens was amper erger as die hangover.

Sy't my met 'n frons op haar voorkop en bekommernis in haar oë aangekyk toe ek vir haar sê: "Mamma is siek."

Ek wil nooit weer daai gevoel hê nie; nooit weer die angs en onsekerheid in haar gesiggie sien nie.

Nóóit nie.

En ek wil nóóit weer so haatlik teenoor myself wees nie.

## 2. DIE CUSTOMERS: VOËLS VAN ENERSE VERE?

Oukei: mans. Oftewel customers.

Oor hulle kan ek die sluier nog baie meer lig. Ek kan baie stories vertel van die customers wat tydens my bestaan as stripper oor my pad gekom het. Daar is so baie dat ek hulle nie eens almal kan onthou nie.

Ek's 'n spoedvraat – dus 'n sucker vir mans met bikes.

En ek onthou vir Martin. Hy was so 'n man. Hy't sagte hare gehad. En 'n vinnige bike.

En uiteindelik 'n slap voël …

Ek reken dit gebeur met die meeste getroude mans, of mans wat skuldig voel oor iets, of mans wat skuldig voel omdat hulle nie skuldig voel nie. Maar Martin het sagte hare gehad. En 'n vinnige bike op die koop toe.

'n Klub waar ek gewerk het, het die sogenaamde vermaak by 'n rally vir sy bike-klub gedoen – wat basies beteken dat 'n paar girls saamgaan, stripshows hou en op die bikes ry. In so min klere as moontlik. Al wat jy sien is springtiete en boudwange. Tog te heerlik. Jy weet mos: so 'n Sondagskool-uitstappie.

Ek was een van die girls.

Martin "steel" my toe tydens die rally vir 'n paar minute om vir 'n spin op sy bike deur die kampeerterrein te gaan. Ek het hom vroeër al 'n paar keer in die klub gesien en gedink hy lyk na 'n nice ou. Toe hy my vir 'n spin nooi, het ek aangevoel dis die begin van iets wat gevaarlik kan wees. Waar ek hom tussen my bene vasgeknyp het op die bike was 'n nat kol aan die groei.

Dit moes as gevolg van sy begrip gewees het.

Sy begrip vir sleaze, die vra-nie-te-veel-vrae-nie-aanvaarding wat ek by hom aangevoel het.

Ons stop toe by 'n private kroeg op die kampeerterrein – 'n soort weggesteekte gehuggie vir VIP-bikers. Die plek was stampvol, en dit was ongetwyfeld nie die soort paartie waar kinders behoort te wees nie. 'n Dronkgat biker-vrou ruk toe my bikini-top af en begin my net daar betas. Soos 'n ridder van ouds "red" Martin my toe van dié orige vrou – gelukkig voordat ek my humeur totaal verloor en handgemeen begin raak het. Wat my gevoel jeens Martin betref, was die koeël nou deur die kerk. Hy't my soos 'n mens behandel, het ek geredeneer. Vir hom was ek meer as net 'n stripper. Ek het waardigheid gehad: niemand het sommer die reg gehad om die klere van my lyf te pluk sonder my toestemming nie. Daar was respek.

Biker-vroue, moet ek sê, is nogal heelwat meer ongeskik (en soms meer varksig) as hul manlike eweknieë. Veral as hulle dronk is en met 'n stripper gekonfronteer word wat selfs net 'n komskoot mooier en sexier as hulle is, het ek besef.

Vroue is oor die algemeen heelwat erger as mans wanneer dit by die hantering van strippers kom. Biker-mans is meestal super-ordentlik – veral teenoor strippers – juis om weg te kom van die skollierige beeld wat hulle soms het.

Hoe dit ook sy, dit was die begin van die verhouding tussen my en Martin. Ek was desperaat vir iemand wat verstaan, my nie stereotipeer nie en my fisies kon beskerm. En daar wás 'n paar van hulle; Martin was nie die enigste een nie. Hulle was yl gesaai, maar hulle was daar. Party het begrip geveins net om by my broek te kon inkom. Ek het dit nog altyd vreemd gevind hoe getroude mans hul buite-egtelike verhoudings verskoon deur hulself te oortuig dat hul huwelike in elk geval op die rotse is. Eenvoudig gestel: dis 'n kak verskoning, na my mening.

Een aand na 'n lang skof het ek en twee van my kollegas, July en Cessna, besluit om na Martin-hulle se klubhuis te gaan. Daar was blykbaar 'n paartie aan die gang. Die drie van ons was kop in een mus: hulle het geweet wat ek van Martin wou hê.

Jy moet onthou: ons het nie respek vir mans, vroue, getroude vroue, die huwelik óf onsself gehad nie – onvermydelik 'n resep vir 'n ramp.

Ons was strippers, strippers wat hulle gatte af gewerk het, fisiek én emosioneel. Wat heeldag met ongeskikte en ontroue mans opge-skeep sit. Wat heeldag lank daaraan werk om hulle uit te lok en op te stuur – en dan alles skielik weer af te skakel en huis toe te gaan.

Ek gee toe: ek was jags. Jags vir begrip. En nie sommer van enig-iemand af nie.

Ek wou vir Martin hê.

Die betrokke aand was Martin se vrou ook daar toe ons daar aankom. So 'n platvloerse bleikblondine met 'n té stywe boobjob. Ek het in 'n mate jammer vir haar gevoel, want ek kon sien sy doen als in haar vermoë om haar man te beïndruk en sy aandag te behou. Maar ek het nie jammer genoeg gevoel nie. Beslis nie. My uitgangs-punt was dat indien jy getrouheid van 'n man verwag, jy maar moet suffer, want jy's plein fokken stupid.

Martin stuur toe sy vrou halfpad deur die aand huis toe. Ek weet nie hoe de moer hy dit reggekry het nie, maar sy't gewaai. Ons het ná die paartie 'n paar bikes binne-in die saal van die klubhuis geparkeer en 'n snaakse plat matrassie wat in die hoek gelê het tot in die middel van die dansvloer gesleep. Teen dié tyd was dit vir my duidelik dat Martin dieselfde plan as ek gehad het. Die element van beplanning het my jagsgeit effe belemmer; ek sou verkies het dat hy my op die grond of teen 'n muur bykom, maar soos 'n tipiese getroude man sleep hy toe 'n matrassie nader.

*Oh, well …*

Tydens die daad het hy my konstant laat verstaan dat hy soos 'n stout seun voel.

Ek het net gereken whatever, meneer – naai my net.

'n Paar aande daarna ontmoet ons mekaar toe agter 'n fabriek in 'n nywerheidsgebied. (Bitter gevaarlik, as ek nou daaraan dink.) Hy het dieselfde voos matrassie wat in die hoek van die klubhuis gelê het, agterop sy bakkie gehad. Ek het agteroor gaan lê agterop die bakkie, hy't sy belt losgemaak, sy broek laat sak en toe sien ek vir die eerste keer watse knopperige ou beentjies hy gehad het. En dat hy sy voël moes rondpluk vir 'n bietjie samewerking. Hy kon dit nie styf kry nie. Ek was sommer afgepis.

Liefde en empatie was nie hier ter sprake nie en ek het gevoel hy kan sy begrip ook maar in sy hol opdruk.

Wat beteken begrip sonder 'n hard-on?

Ek was geskok oor my reaksie, onthou ek. Ek is nóú nog geskok daaroor. Hoe kon ék – 'n ordentlike, sensitiewe Afrikanermeisie – só vinnig daar en dan iemand afskryf?

Die voordeel van agternakennis maak 'n mens maklik wys.

Ek was 'n roofdier. Ek het mans begin behandel soos wat hulle vroue behandel omdat ek daagliks aan dié soort behandeling blootgestel was.

Hulle wou mý sonder gevoelens, verbintenis of nagevolge naai.

Ek wou húlle sonder gevoelens, verbintenis of nagevolge naai.

Dit was die ooreenkoms.

Die ontdekking het my naar op die krop van my maag gelaat. Nee, ek wou nie só wees nie …

Martin het na maklike prooi gelyk omdat hy sag, ordentlik en sensitief voorgekom het. Self was ek lankal nie meer sag, ordentlik en sensitief nie. Dis waarskynlik presies wat ek nodig gehad het, maar daar was nie plek daarvoor in my wêreld nie; dit sou my weerloos gelaat het. En weerlose mense eindig dood op in die vuil kamers van shelters in Hillbrow.

*Wham-bam, thank you, Mam.*

Seks was seks. Sodra 'n man te veel persoonlike vrae begin vra het, was dit vir my te veel; ek sou nie my werk meer behoorlik kon doen nie.

Martin se slap voël was dus die einde van die verhouding – vir my. En ek het toe ook nie meer sy skoolseuntjie-SMS'e beantwoord nie. Ek het hom afgeskryf. Soos 'n dooie. Hy was van fokol waarde meer vir my.

Ek het hom vir 'n hele ruk geïgnoreer, tot hy vir my nasty boodskappe deur my kollegas begin stuur het. Hy't daarna nog gereeld stripklub toe gekom en dikbek daar gesit, maar ek was glad nie meer lus om by sy broek te probeer inkom nie.

Daar was niks meer in sy broek wat ek wou hê nie.

Een aand het hy toe wraak probeer neem. Die poging was nogal subtiel, maar op sielkundige vlak was ek hom ver voor omdat ek regtig nie omgegee het nie.

Hy't met sy arme vrou by die klub opgedaag, saam met 'n hele peloton ander bikers. Hulle het sommer twee groot tafels in die klub beset. Sy vrou het nog 'n vriendin ook saamgebring. Hy roep my toe eenkant toe en beveel toe dat ek vir hom en sy vrou 'n lesbiese vertoning hou. Hy't natuurlik geweet ek kon hom nie weier nie; dit was tog 'n ongeskrewe reël in die klub: Jy sê nooit nee vir 'n customer nie.

Fok jou, het ek besluit.

Ek het 'n kollega nadergewink. Ek sal jou die detail spaar, want dis nie nodig dat jy weet wat ons aangevang het nie. (Voorbeelde is vrylik op die internet beskikbaar. Gaan soek onder *Lesbian Action*.) Maar glo my vry, die vertoning het baie goed gewerk. Dit was nie die eerste keer dat ek en my kollega saamgewerk het nie, so ons het mekaar goed geken. Ons het 'n dierlike energie tentoongestel. Martin se vrou was blykbaar mal daaroor, het ek na die tyd verneem. Weer eens: whatever ...

Martin het my daarna uitgelos.

En my minagting vir mans het leliker en selfs gevaarlik geraak, omdat sommige van hulle dit net met geweld wou beantwoord.

\* \* \*

Deur my hele striploopbaan was daar wel mans wat my soos engele deur die ervaring getrek het en wat ek deur my gat getrek het – mans wat my elke dag gebel of geSMS het en baie tantrums, trane, bloed en allerlei onverstaanbare vrouekak van my moes opvreet. Ek dink elke stripper het 'n paar van hulle: gewoonlik getroude mans of mans wat reeds in verhoudings is. Dis mans wat 'n reddingsprojek van jou probeer maak en jou messias wil word.

Halleluja.

Teenoor almal van hulle behoort ek seker dankbaar te wees. Soos enige stripper het ek konstant iemand nodig gehad om my deur die strip-konsentrasiekamp, die gevoellose worsmasjien van my daaglikse bestaan, te help.

Ek het hulle gebruik. Vir seks, vir vitamien B-inspuitings, om grassnyers reg te maak. Ek het hulle gebruik vir simpel grappies, aanhalings uit flieks, maar nooit-ooit vir geld nie. Ek het my eie geld gemaak. En vir myself betaal.

Ek was totaal verslaaf aan die intensiteit van my realiteit: die gevoelloosheid, die seksuele ondertoon, die aanhoudende stroom van nuwe customers, die aandag, die vinnige geld, die metaalsmaak van my eie woede, soos bloed; die gevoel van dierlikheid en, bowenal, die vryheid van uitdrukking in dans.

Dikwels was dans 'n plaasvervanger vir liefde; dit was my manier om uiting te gee aan my diepliggende emosionele behoeftes, my soeke na emosionele vryheid, alles wat in daardie konteks as sosiaal onaanvaarbaar beskou sou kon word.

Mans was byspelers in hierdie drama, en interessante, bekende, berugte en plein opgefokte individue het my pad gekruis.

Terwyl ek Mej. Hustler was (ek kom nog by dáái storie, moenie worry nie), het ek 'n charismatiese verregse politieke leier se jongste suster in 'n hoerhuis in Pretoria ontmoet. Hy was glo in die tronk. Sy het geweldig baie plooie vir haar ouderdom gehad, het ek nogal gedink (vermoedelik 40-going-on-200). Sy't graag in sulke kort, ou-tydse A-lyn-rokkies en Jesus-sandale rondgeloop. Sy't sterk, bruin bene, blonde hare, asuurblou oë en Christelike oortuigings gehad. 'n Vrou van inbors. 'n Hoer met 'n stewige morele basis. (Moenie dink dis so verregaande nie: ek ken hoere met baie meer integriteit en eerlikheid as sommige dominees.)

Sy't by my gehuil, want Boeta sou eers die einde van die maand uit die tronk kom en kon ek asseblief tog vir hom 'n poesboekie teken, want ek ís mos nou Mej. Poes. Ek teken toe en skryf sommer my regte telefoonnommer daarby.

Ek vra toe vir haar of Boeta van haar aktiwiteite bewus was, en kry toe net 'n leë staar en 'n lang, uitgerekte nee vir 'n antwoord. (Miskien wás sy nie Boeta se suster nie. Miskien is sy niémand se suster nie. Miskien is sy net 'n unhappy fruitbag. Wie sal weet?)

Boeta het my nooit gebel nie. Hý sou nou darem vir jou 'n interes-sante customer gewees het ...

Soms het ek vir sokkerspelers gedans wat hul vroue se name op hul enkels getatoeëer het; vir swart mans wat hul eie kakpraat-programme op TV het; vir mense wat realiteitsprogramme aanbied en van ontvlugting hou; vir *Big Brother*-has-beens wat maak of hulle gay is; vir *Big Brother*-has-beens wat regtig gay is; vir my eie fami-lielede; vir mans wat draadtrek-materiaal soek; vir mans wie se vroue vet en/of verwagtend is; vir mans wat verveeld is met hulle vroue; vir mans wat hul vroue verveel; vir mans wat te dom/lui/moeg is om

hulle eie fantasieë uit te dink; vir gewone, gawe, ordentlike gesins-
mans; vir dominees met patologiese skuldgevoelens; vir dominees
wat dink hulle doen sendingwerk; vir psigiaters wat jou gratis pille
aanbied; vir oupas wat jou vertel hoe graag hulle hul kleindogters
of kleinseuns wil molesteer; vir nat-agter-die-ore outjies wat Pappie
se kar en kredietkaart vir die aand gesteel het en skytbang vir jou
is; studente met fokol geld; miljoenêrs met fokol maniere; arm ak-
teurs wat dink hulle sogenaamde bekendheid kan hulle oral verniet
inkry, jou lyf inkluis; vir vetkop-poskantoorwerkers wat jou graag
vasdruk; vir vissermanne sonder tande wat nog nie gehoor het van
Fisherman's Friend nie; vir mans wat jou wil verkrag om jou te wys
wie's baas; vir straight vroue wat nat word en dit geniet omdat hulle
dink dit beïndruk hulle mans; vir lesbiese vroue wat nat word om hul
partners te probeer jaloers maak; vir mans wat ruik na olierige hare
en sweet; vir mans wat ruik na Klippies-en-Coke en kaas-oppie-
voël; vir mans wat na niks ruik nie; vir mans wat na ander vrouens
ruik; vir mans wat lekker ruik; vir mans wat jou heeltyd beledig sodat
jy wéét hy't 'n klein piel en sy vrou wil dit nie suig nie; vir mans wat
só vet is dat daar nie 'n crotch is om 'n skootdans op te doen nie;
en vir intelligente, sexy, nice mans wat jy andersins graag beter sou
wou leer ken.

As hulle maar net nie customers was nie ...

\* \* \*

Eenkeer, in 'n baie bekende klub, was daar 'n baie komieklike kêrel.
Hy was 'n middag-customer wat op sy eie daar aangekom het,
sonder enige metgeselle. Die ouens wat alleen inkom, het oor die
algemeen heelwat meer selfvertroue.

Wat kan ek sê? Jy leer hoe om hulle te hanteer.

Die betrokke knaap het daar ingestap met 'n pak klere aan. Hy't ef-
fens verward voorgekom, by 'n tafeltjie gaan sit, middagete bestel en

skamerig rondgekyk. 'n Maklike prooi, het ek gedink en my kans afge-
wag. Die oomblik toe die kelnerin sy bord wegvat nadat hy klaar geëet
het, het ek met hom gaan praat. (Ons mag mos nie met hulle praat
terwyl hulle eet nie.) Die arme ou was bloedrooi in sy gesig toe ek hom
groet, en toe vertel hy my sommer hy's 'n tandarts en dis sy eerste keer
in 'n stripklub en hy voel baie simpel om alleen daar te wees.

My hart het vermurwe en ek het sommer vir 'n halfuur lank met
hom gesit en gesels. Hy het soos 'n nerd gegiggel en sy brillense was
so dik dat hy skoon skeel gekyk het. Hy was anyway te skaam om my
reguit in die oë te kon kyk. Ek kon hom uiteindelik oortuig om saam
met my te gaan vir 'n skootdans.

Toe ons by die skootdans-area kom, het hy gaan sit en ek het
begin dans. Hy't begin giggel. Toe ek my bikini-top uittrek, het hy
skielik ophou giggel en my gevra om asseblief nie verder enigiets uit
te trek nie – net my bootse.

Huh?

*Niks tiete en tongtippietoetse vir jou nie?*

Oukei.

*Geld is geld en as dit is wat dit sal verg om my geld uit jou uit te
kry, fine.*

So, ek trek toe maar my Twin Towers-bootse uit en daal tot amper
onder die kêrel se ken (ek's nie baie lank nie).

Hy het só opgewonde geraak dat sy handjies langs sy sye begin
kriewel het. Hy't met 'n gehipnotiseerde gesigsuitdrukking na my
voete gekyk – en die volgende oomblik afgebuk, my een voet gegryp
en dit in sy mond probeer druk!

Ek het my balans verloor en hard op my gat te lande gekom. Ek
het hom wild en woedend aangegluur. My reaksie het hom só laat
skrik dat hy opgespring het en uit die klub gehardloop het. Gelukkig
het hy my reeds betaal.

Dan was daar die superkalm, supercool skisofreen wat vir al die
girls glase wyn gekoop het. Hy wens hy kan mans maniere leer, het

hy ons vertel. Ek het opgelet dat die kêrel glad nie self gedrink het nie en dus nie weens dronkgeit kakpraat nie. (As hulle kakpraat sónder alkohol is dán wanneer jy moet begin worry!)

Toe hy my begin vertel dat hy hier in die klub is om mans te leer hoe om vroue te behandel en hoeveel plase hy besit, het ek reeds gedink die los moere raas wanneer hy sy kop skud. Toe hy by die gedeelte van sy storie kom waar hy vertel dat hy al 'n hele weermag vol mans agter hom het wat soos hy dink en op sy plase gestasioneer is en dat hulle die land gaan oorneem, het ek my verskoon. Ag nee, wat: hy was 'n mors van tyd.

Mal, was my diagnose. Mal en fucked-up. As stripper ontwikkel jy 'n baie betroubare radarstelsel.

Dan was daar oom Willie, wat by élke *Hustler*-paartie was waar ek my shows gedoen het. Hy het altyd in die middel van elke show vir my 'n shooter aangegee presies sodra ek al my klere uit het en daarop aangedring dat ek dit drink voordat ek verder dans. Hy was 'n baie gawe omie, maar 'n mens wonder of mense soos hy dan nie werk het nie? En wat sê die ouens wat by elke *Hustler*-paartie is vir hulle vroue en kinders waar hulle was?

In die oompiekedoompie-gevalle is hulle meestal afgetrede wewenaars of geskei, met hul kinders uit die huis uit, en wat dus vingeralleen en eensaam tuis sit.

Dis waarskynlik meer as genoeg om enigeen na 'n *Hustler*-paartie te dryf.

Die redes hoekom mense in stripklubs beland, is nie noodwendig pervers of siek nie. Sommige customers was regtig nice en lekker om mee te gesels. Nie almal van hulle het konstante herbevestiging van hul manlikheid nodig nie. Sommige mans het wel 'n goeie selfbeeld en leef in vrede met hulself en die grootte van hul voëls. Dis vir hulle maklik om strippers met respek te behandel.

Die verskynsel van swak maniere is ook redelik geografies gebonde, het dit vir my gelyk, en hou direk verband met die graad van seksuele onderdrukking in die betrokke individu. Hoe groter die onderdrukking, hoe meer ongeskik. Mans met 'n selfbeeldprobleem is die arrogantste en ongeskikste.

Die mans met die vrotste maniere is die Kapenaars – veral die gesofistikeerde wynboere se vermoë om my soos 'n mens te behandel was erg beperk. Die mans met die beste maniere was die Jo'burgers.

Maar ek moet darem ook iets sê oor spesifiek my ondervinding met Afrikanermans. Verreweg die meeste ongeskikte grootbek-bullebakke was Afrikaans. Dit is veral hulle wat geneig is om vroue fisiek te lyf te gaan en op allerlei ander maniere te mishandel.

Is hulle bang vir vroue? Ek dink nogal so. En weet jy, die ander ding: Afrikanervroue praat nie. Hulle praat nie oor hoe hulle mans hulle fisiek en emosioneel mishandel nie.

En wie is dit wat in die klubs boer en net nie genoeg van die strippers kan kry nie? Die Afrikanermanne, want hulle weet hoe om hulle vuiste te lig, maar hulle weet nie hoe om hulle monde oop te maak om met hulle vroue te praat nie. Hulle gaan sit dan maar in 'n stripklub om hulle manlikheid te vind.

En ons raak lief vir hulle, want ons dink dis maar hoe dinge moet wees.

Ek wil argumenteer dat daar dalk 'n godsdienstige, Calvinistiese ondertoon hier te bespeur is. Want Calvinisme leer ons om die ander wang te draai. Om by jou man te bly, wat ook al gebeur. Liefde verdra mos alles …

Ek onthou een van die Afrikanermans onder wie se hande ek deurgeloop het.

"Wees net lief vir my," het hy altyd gevra, al het hy my belieg, bedrieg, in die gesig gebyt en rondgestamp.

Dis ook baie interessant dat die Afrikanerman klaarblyklik daarvan hou om uit te deel, maar nie daarvan hou om in gelyke munt terugbetaal te word nie. Die één keer wat ek wel my geduld en humeur verloor het en hom in sy gesig geklap en tussen die bene geskop het, wou hy dadelik 'n klag van aanranding teen *my* gaan indien. *Ek* was die mishandelaar.

Ook eien die Afrikanerman hom die reg toe om sonder skroom (verál as hy getroud is) voor sy eie vrou ander vroue se bates te besing, maar bewaar jou siel as jy iets laat val oor die lekker knop in 'n ander man se broek.

Wat is nou eintlik die verskil tussen pramme en peesters? Al twee word gesuig vir plesier, dan nie?

As 'n mens in 'n verhouding is en respek het vir mekaar se gevoelens, gaan jy mos nie iets kwytraak wat jy weet gaan seermaak nie. Jy gaan sit nie in 'n stripklub nie. En jy skuim nie openlik oor 'n ander man se penis of 'n ander vrou se borste nie. Dis tog wat liefde is, is dit nie? As liefde enigsins minder as die praktiese inagneming van jou geliefde se gevoelens is, dan stel ek wragtig nie daarin belang nie. Maar ek bedoel ook nie liefde moet siende blind en horende doof wees nie.

Wat my daaraan herinner: ek het ook op 'n keer met gestremde customers te doen gehad.

Een aand terwyl ek in 'n klub in Pietermaritzburg gedans het, het twee opgewonde gesigte voor die verhoog my aandag getrek. Daar was 'n soort onskuld aan hulle. Ek het myself by hulle gaan neerplak toe ek klaar was. Hulle is toe gehoorgestremd.

Ek het probeer uitwerk of die twee dowe kêrels kan liplees. Ek was daarvan oortuig dat dit vir my minder moeite sou wees om met dowes te probeer kommunikeer as met horende ongeskiktes. Die ander customers was in elk geval 'n klomp Indiërs wat net wou onderhandel oor afslag en addisionele gunsies.

Ek het besluit: fok dit, dis 'n stripklub, nie die Oosterse Plaza nie.

Die een dowe ou kon toe darem liplees, maar die ander een kon net gebaretaal praat. Naderhand was dit makliker om 'n notaboekie te gaan haal en eerder 'n gesprek op papier te hê.

Ek vind toe uit dat die een outjie op 'n perdeplaas werk, maar sy grammatika het veel te wense oorgelaat:

*I work on farm for bread horses for eight years with my father on 250 ha farm sixty five horses. Wake up at five in morning and fuck winter my cock small.*

Nou ja toe. Uit die perd se bek.

Ek het nie regtig belanggestel in die grootte van sy voël of watse verskil die winter daaraan maak nie, maar was nietemin beïndruk met daai stukkie dapper eerlikheid. Ek het altyd gedink jy hou 'n klein voëltjie vir jouself.

Ek was egter nie lus vir verdere pielpraatjies nie en beweeg toe aan na Dowe Nommer Twee.

Ek wou by hom hoor hoe hy musiek beleef.

*I like the music with a lot of beat and rough and feel of ground vibration,* het hy neergepen. En las toe by: *Thank you for asking. You nice and friendly.*

Ek het geglimlag. En kort daarna geloop op soek na horende prooi omdat die briefiespul my nie meer aangestaan het nie. Ek kon nie meer so kommunikeer nie. Shit, het ek agterna gedink en my kop geskud. Hoekom voel ek dan nóú so skuldig?

## 3. WORD 'N STRIPPER EN SIEN DIE WÊRELD, VERAL BENONI

'n Mens raak naderhand uitgekuier met stripklubs se customers. Soos in *rêrig*.

Om die waarheid te sê, my kotsrefleks het al só begin ontwikkel dat ek besef het ek sou summier opgooi indien ek nog één keer moes hoor: "Kom gou hotel toe saam met my. Ek stel nie belang in 'n strip nie. Ek sal jou goed betaal."

Ek sou summier kots indien ek nog één keer vir 'n kêrel moes vertel watse wonderlike kleresmaak hy het, hoe aantreklik ek hom vind, hoe lekker hy ruik en hoe die grootte van sy voël nie saak maak nie.

As jy, soos ek, nie die heel mooiste stripper in die wêreld is nie, dan moet jy die heel slimste wees: steek jou intelligensie weg, verblind hulle met jou prettige persoonlikheid (al het jy nie een nie) en blaas hulle ego's soos groot ballonne tot net duskant barspunt op.

Ek was der dagen zat geblaas ...

Ek het my lot by van die ander girls bekla en by hulle verneem dat ek vir 'n agent kon gaan werk wat namens my met die customer sou praat, my na en van die venue af sou vervoer én my geld namens my by die customer sou kry. Al wat ek moes doen, was 'n show van 20 minute, enigiets tussen vier en agt keer 'n dag, by enigiets van stripklubs in verskillende dorpe tot in garages by private huise.

Doodeenvoudig.

Jy sal verstaan dat dit vir my in daardie stadium na 'n moerslim idee geklink het. Ek het sonder verdere versuim gaan ondersoek instel en kort daarna 'n ooreenkoms met 'n agent onderteken. Kyk, nes in enige ander bedryf blyk die meeste agente skarminkels te wees, maar ek moes afstand daarstel tussen my en die customers.

My drywer was 'n groot baksteenmuur van 'n baie gawe man. Ek moes hom natuurlik ook 'n deel van my inkomste gee, maar hy't my gevolg en beskerm – tot by tampon-omruilings, nogal. Na my mening was dit wonderlik en die geld oor en oor werd; ek het nou 'n kakopvreter en lyfwag aan my sy gehad.

Die werksprosedure was ongekompliseerd: ek het saam met hom by 'n plek ingegaan (hetsy 'n klub, by 'n jaareindfunksie, of – die ergste van die ergste – 'n bachelor-paartie), aangetrek, uitgetrek, gewag dat hy die geld kry en dan sommer kaalgat in die kar gespring om weer my klere aan te trek en reg te wees vir die volgende show op die volgende stasie.

Nou dís wat jy reis noem.

Ons was 'n rondreisende sirkus.

Die stasies waarvan ek praat was oorwegend hoerhuise. Ek het seker al in elke hoerhuis in Jo'burg gestrip. Die atmosfeer in die meeste hoerhuise was baie huislik (onthou die klem is op hoer*huis*, nie klub nie) en die customers het slu en soms sku op rusbanke rondgesit terwyl hulle ter voorbereiding van die aand se vermaak drank gesuip het. Hulle het met gulsige, honger oë rondgeloer en besluit watter girl die beste blaaswerkie op hulle ego's sou kon toepas.

Ek het ondervind dat daar tradisioneel nie veel respek vir vroue in baie gemeenskappe is nie, maar wel vrees: vrees vir 'n vrou wat opstaan en haar eie ding doen, vrees vir 'n vrou wat nie bang of skaam vir haar eie geslagsdele is nie en dit vir haar eie plesier kan aanwend, vrees vir die onafhanklikheid wat sy haarself toeëien. Dis hierdie vrees wat sommige customers soos volslae varke laat optree.

In elk geval, my rol as stripper in die hoerhuise was om die ouens se wellus tot by 'n keerpunt te bring en dan te verdwyn sodat die hoere op die kwylendes kon inbeweeg en geld maak.

Die eienaar sou dan my drywer betaal en ek sou by die volgende plek dieselfde doen.

In plekke soos Benoni of Boksburg was die omgewing minder huislik en meer soos die local pub – behalwe vir 'n paar kamers iewers agter of bo waar 'n vinnige wham-bam-fuck-you-Mam kon plaasvind. Dan is daar ook die hoerhuise in Rustenburg wat soos gesinsvakansieoorde lyk, waar hulle sommer 'n spitbraai hou as hulle die dag lus is en waar jy ook nog soms woorde soos "oom" of "tannie" hoor.

Eerlik gesê, tydens my reise het ek nog nie 'n werklike upmarket-hoerhuis teëgekom nie. Miskien het my agent my net na die low-class plekke gestuur.

Ek het seker drie keer 'n week by die Scummit Club in Hillbrow gedans. Die customers is meestal swart, hoewel verbasend baie wit buitelanders daar rondhang – wit ouens van Zimbabwe af, en so aan. Die hoere daar wissel van Thai en Maleisies tot swart. In my tyd was daar gereeld een wit chick wat gelyk het of sy uit 'n malhuis ontsnap het. Die plek is al vir jare daar en beslaan 'n hele woonstel-blok, kompleet met 'n gym en 'n casino. Daar's selfs 'n kerk. Ek lieg nie vir jou nie. Maar hiervan sal die Here alleen weet.

By die Scummit Club was die bestuur altyd baie vriendelik en het die strippers een gratis drankie met elke optrede ontvang – so 'n ou ietsie om af te sluk net nadat jy jou coke gesnuif het.

Jy kon ook 'n volledige Engelse ontbyt tot lank ná tienuur in die aand vir baie goedkoop bestel. Ek het naderhand so tuis daar gevoel dat ek sommer my dertigste verjaardagpaartie daar gehou het. Ek het wragtig 'n koek en twee bottels sjampanje op die huis gekry!

Dan was daar Cumalot en Butterfly, twee sogenaamde upmarket-hoerhuise in Johannesburg waar ek ook minstens eenmaal 'n week shows moes doen.

Hier was die omgewing meer huislik en ek moes letterlik op die sitkamers se teëlvloere dans. Matte in hoerhuise werk nie so lekker nie. Onthou: daar's jacuzzi's. En wie weet wat nog alles. By Cumalot was die hoere meestal Thai-meisies en by Butterfly meestal Bulgaars of Russies. By Cumalot was die girls agter die bar altyd vriendelik. Hulle het my altyd voor my shows vol drank gestop en seker gemaak dat ek 'n private plekkie tot my beskikking het om my showklere aan te trek en my lyn coke te snuif. Die atmosfeer was lekker, maar by Butterfly was dit heel anders. Daar was als koud en naar. Ek wil nie aanstoot gee nie, maar 'n koue hoerhuis is net so erg soos 'n stywe kerk; niemand daarbinne lyk gelukkig nie.

Die customers het almal in die sitkamer rondgestaan of gesit en kru grappe gemaak (asof dit hul koerasie sou bevorder). Sommige het ook daarvan gehou om te maak of hulle Engels is, al het hulle uitspraak nes wyle P.W. Botha s'n geklink. Ek moes hulle dikwels wegstamp om vir my spasie op die vloer te maak waar ek my show moes doen.

Ek was ook dikwels op reis in Pretoria. Die hoerhuise daar is baie meer aangenaam en plesierig as dié in Jo'burg. Dis nie deur uitlanders bedryf nie, maar deur plesierige Afrikaners. Die girls wat daar werk is Afrikaans en die meeste customers ook. Dit was soos 'n groot Afrikanermakietie, en ek het altyd baie welkom gevoel.

Pelicans, byvoorbeeld, is Oom Faan se plek.

Oom Faan is so in sy vyftigs met 'n pragtige bos dik, lang hare. 'n Ywerige biker. Pelicans is 'n familiesaak, verstaan ek – ek het nie geweet waar die ou se vrou was nie, maar sy kinders het altyd agter die kroegtoonbank gewerk. Sy seun het sy hare in dieselfde lang poniestert gedra. By Pelicans was die meeste van die girls Afrikaans en hulle ouderdomme het gewissel van vermoedelik 16 tot vermoedelik 46. Soms het hulle ook 'n osbraai gehou en daar was altyd Klippies-en-Coke in oorvloed.

By Senators was dit amper dieselfde storie: die omies sit in hulle two-tone-kakieklere terwyl hulle Klippies-en-Coke drink en die meisies uitcheck, wat weer eens meestal Afrikaans is. Senators word deur 'n bende in Pretoria bestuur en hierdie kêrels moenie ligtelik opgeneem word nie. Daar was gedurig stories, 'n bietjie soos met die taxi-sindikate – gerugte van moord en roof. In hierdie bedryf weet 'n mens nooit wie praat meer of minder kak nie, maar hierdie manne was gewis nie so gaaf met my soos Oom Faan-hulle nie.

In Senators word daar elke uur 'n stripshow gehou, en in my tyd het die ooms ongelukkig meer in die strippers belanggestel as in die hoere wat breed rondgesit en probeer geld maak het. Ek het altyd baie jammer gevoel vir die girls daar. Hulle was nie baie mooi nie en meestal oorgewig, deegwit en vol knoppe en kolle. Maar Afrikaans en baie vriendelik. Ek dink nie hulle het juis geld gemaak nie.

In 'n stadium het ek 'n *Hustler*-promosie daar bygewoon, wat soos gewoonlik 'n Groot, Vet Afrikanerpaartie behels het. Oud en jonk was daar: die ouer garde gesuip en die jonges hoog op coke. Tydens hierdie spesifieke promosie was ek vermoedelik reeds pregnant. Ek onthou ek was moeër as gewoonlik tydens my show, het na die tyd opgegooi en my tandvleise het die heeltyd gebloei. Een van die girls het nog half moederlik vir my gesê háár tandvleise het met al twee haar swangerskappe gebloei, en dat sy dus daarvan oortuig was dat ek pregnant moes wees.

Ek was dikwels in die Benoni-Boksburg-omgewing. Dís nou vir jou 'n ander kultuur: Afrikaans, ja – maar hier sal jy nie jou tipiese Hoofstad-Afrikaner kry nie. Hier is daar meer van 'n butch-lesbian-hangtiet-Engelse-tipe Afrikaner. Rêrig vreemd.

En dan was daar die hoerhuis in Pretoria waar ek een hele aand in 'n jacuzzi deurgebring het – poepdronk.

Met 'n bottel drank in my hand.

En ek het nie verdrink nie. Ek verstaan dit nou nog nie.

Dit was in die tyd toe ek Mej. Kaalgat was. Ek was die hele dag daar omdat ek die heeldag daar móés wees – ek moes gesig wys, muis wys, flirt, kakpraat en maak of ek 'n onweerstaanbare en onbevredigbare seksbom is.

Ek dink ek het in 'n stadium koud gekry (dit gebeur as 'n mens bykans die hele dag kaal rondhol) en myself in 'n baie dronk toestand in een van die jacuzzi-kamers toegesluit. Die kombinasie van stoom, hitte, drank, kokaïen en 'n goeie dosis irritasie met die dag se verrigtinge het my lekker laat hallusineer. Maar dit was drogbeelde en dit het my later begin bang maak. Ek het probeer om die vrees weg te drink.

Ek het oor die rand van die jacuzzi geloer en gewonder hoekom daar matte is en nie 'n teëlvloer nie. Duidelik was dit pismatte vol wanopvattings, leuens en miskontrasepsies. Nog voor ek kon wonder hoeveel mense al in die water gepis en gekom het, het ek gevoel hoe ek uit myself klim en soos 'n ander persoon voor myself kom staan en na my kyk: 'n vuil, bevlekte rooikop, nat en naar.

En daar verstar ek toe, kaalgat in die jacuzzi met 'n bottel vodka in die hand, en staar na die verwronge ding wat ek geword het. Ek het agt uur lank oop-oë geslaap.

* * *

My rondreisende sirkus het ook in Mosambiek 'n draai gemaak, saam met 'n paar ander girls.

Wat 'n nagmerrie!

In die hoerhuis daar bied ons die ouens toe ewe vriendelik skootdanse en tafeldanse aan soos ons aangesê is om te doen, en ons kon nie verstaan hoekom hulle net glad nie daarvoor val nie. Tot ons skok het ons mettertyd agtergekom dat die plaaslike meisies so 'n ietsie meer aanbied as wat ons bereid was om te doen. Ek en 'n swart Suid-Afrikaanse stripper besluit toe om te vlug. Waarheen het ons nie 'n benul gehad nie, ons wou net nie langer in 'n hoerhuis in Mosambiek wees nie.

Daar breek toe 'n geskietery onder 'n groep Swazi's uit. Hulle het so rof aangegaan dat wasbakke gebreek is en kaste stukkend geskop is. Ek en my kollega, Ennie, het nie gewag om uit te vind wat aangaan nie. Ons het net in 'n taxi geklim en gewaai.

Ennie? Ja: Ennie. Dit staan so in haar paspoort en in haar Suid-Afrikaanse ID-boekie. Blykbaar het 'n staatsamptenaar nie mooi verstaan jy spel Annie met 'n A nie.

Ek en Ennie het soos twee weeskinders in 'n restaurant in die bodorp gaan sit en dink. Hoe nóú gemaak? Ons was sonder werk en sonder geld in 'n vreemde land. Die customers wou nie vir tafeldanse betaal nie, raak toe later oproerig en het die plek afgebreek. Als was op 'n einde.

En ons was strippers, nie hoere nie.

Ons wou nie vir hoere aangesien word nie; ons hét darem ons trots gehad. En ons was erg die moer in vir ons agent wat ons probeer wysmaak het dat dit 'n eksotiese vakansie-ervaring in Maputo sou wees. Daar sit ons toe. Twee strippers op 'n straathoek met twee tasse elk.

Wonder bo wonder het een van die ander Suid-Afrikaanse strippers en haar boyfriend skielik voor ons verskyn.

"Ek bly al vir 'n geruime tyd hier," het sy vertel.

"Kom saam met ons."

Nou maar piele, het ek en Ennie gedink.

Hulle't ons na 'n stripklub geneem. Ek dink hulle was Grieke. Hulle het almal saam in een krotwoonstelletjie gebly. Vis en tjips en Fanta Orange was op die spyskaart vir aandete en ons het nie gekla nie. Daar was egter nie water nie, so ons kon nie bad nie. Drie van ons moes 'n emmer water deel om in te was.

Drie strippers was tesame.

Vol rook, sweet en vaginale afskeidings.

Ek het infeksie op infeksie opgedoen.

Gelukkig was daar 'n Afrikaner-oom wat as boukontrakteur in Maputo gewerk het en wat my probeer opchat het. Ek dink nie hy't verwag om homself in 'n infeksie vas te loop nie. Dit was gelukkig die perfekte manier om hom af te sit. Ek het hom gebruik om my by 'n apteek uit te kry. Ná die infeksie-episode is al my klere op onverklaarbare wyse gesteel, en toe trap ek ook in 'n doring wat my so erg naalde-en-spelde in my voet gegee het dat ek nie kon dans nie.

Maputo was vol vreemde beelde: mense wat mekaar in die strate met piesangs gooi, rap-artists op straathoeke wat Dr Dre ore sal aansit, donker mans met groen oë en blowjob-lippe, 'n hond met twee sterte, Afrikaanse mans wat graag swart vrouens naai, cops sonder tande wat aanmekaar jou paspoort wil sien, en strippers wat groot reistasse agter hulle aansleep.

Ons het darem uiteindelik weer in Suid-Afrika aangekom. Ek het besluit: nooit weer nie.

\* \* \*

En dan was daar die plattelandse reise, waarvan my ervaring op Hartbeeshoek (of is dit nou Hartbeesfontein, Hartbeespoort of Hartswater?) seker die mees bisarre was.

Ek was nie vreeslik op dorpe se name ingestel nie, so dit kon enige van dié plekke gewees het.

Die geleentheid was 'n bachelorbraai. Die stripper sou 'n verrassing wees. Vir almal, nie net vir die sot wat homself aan permanente monogamie sou oorgee nie.

Ek het dit gehaat om shows by huise te doen, want dit het altyd gepaardgegaan met meer onsekerhede en onvoorspelbaarhede as wat ek op my twee hande kan tel: wie die bachelor is, met wie ek moet flirt en met wie ek glad nie mag flirt nie, of daar 'n klanksisteem is wat harder kan speel as wat mense kan praat (daar is niks so kak as om mense se kommentaar te hoor terwyl jy dans nie), waar die badkamer is, of ek 'n verrassing is (en dus of ek voor die tyd gesien kon word of soos 'n dief in die nag by die wasgoeddraad verby moes sluip om by die kombuisagterdeur in te kom), of daar 'n ordentlike spasie sou wees waar ek kon dans en behoorlike beligting, of ek my geld sou kry, of ek kerswas op hulle sitkamermat kon mors, en dan laastens: sou hulle handuit ruk?

Ek was in hierdie geval 'n verrassing vir almal, behalwe vir die kêrel wat dit gereël het. Die gesuiptes het my in my stywe jeans en bootse sien inbeweeg verby die braaivuur na die badkamer, vanwaar ek vir my vertoning sou verskyn. Ek is vinnig daar ingeboender sodat nie te veel mense my sou sien nie, en verder sou my drywer my kom vertel hoe, waar, en wanneer van daar af.

Ek kon dus nie veel van die locals sien nie, maar dit het my voorgekom asof daar mans, vroue én kinders by die bachelorpaartie was. Ja, kinders. Ek kon maar net hoop dat die kinders weggehou sou word. Die mans het soos weeluise om die vuur gekoek, onthou ek. En die vroue soos weeluise om die slaai in die kombuis.

Iets was nie pluis nie. Ek het ongemaklik gevoel en rooi liggies het in my kop geflikker. My drywer het my vermoede bevestig toe hy by die badkamer inloer omdat van die vroue my tatoeëermerke gewaar het en onmiddellik aanvaar het dat ek Satan se jongste niggie moes wees. Hulle wou my nie daar hê nie.

Die mees besope manne het blykbaar reeds op hitte in die sitkamer gesit en wag vir my verskyning, dankbaar dat die ontkleedanseres nie een van hulle vet vroue was nie.

"Wil jy voortgaan?" het my drywer besorgd gevra.

"Fok ja, Barrie!" het ek met flitsende oë geantwoord. "Ons het nie só ver gery om met leë hande terug te gaan weens 'n paar simpel stuck-up vroue nie! Hoekom het die sot wat als gereël het nie vir hulle gesê nie?"

Die badkamer het 'n ligpers-en-kakie-kleurskema gehad en daar was 'n Spaanse poppie met 'n rooi gehekelde rokkie oor die ekstra toiletrol, 'n babarokkie vol wasgoedpennetjies teen die venster en iemand se velkleurkouse wat al amper swart by die voete en vol donsfrummels was wat oor die badrand gehang het.

Ek het deur die badkamer se sleutelgat geloer en besef dat hierdie die moeilikste vertoning van my lewe sou wees. Gelukkig was dit Barrie se onaangename taak om my geld te kry by die een wat my laat kom het. En wie dit ook al was, was erg in die kak by sy familie.

*But the show must go on …*

Die sitkamer is toe besonder klein vir 'n Afrikaner-sitkamer, só klein dat ek net voor my vertoning moes vra dat die ouens asseblief nie met hulle groot boerepote uitgestrek sit nie, want dan sou daar rêrig nie vir my plek wees om te beweeg nie. Die sitkamer was in 'n kleurskema van spatsels kakie, rooi en verskeie skakerings van bruin. Die hele eetkamerstel se stoele is daar ingewurg. Wat ek net nie kon kleinkry nie, was dat die TV-stel 'n gehekelde lappie op gehad het met 'n klein potjie vol stinkafrikanertjies of iets dergeliks.

Al waaraan ek kon dink toe my musiek genadiglik begin, is dat dit oor twintig minute verby sou wees.

Ek het my toppie afgepluk, my oë half toe, my gedagtes in die ritme van die musiek probeer verloor. Uit die hoek van my oog het ek egter gesien hoe 'n klein pienk mannetjie in 'n kakiekortbroekie en met 'n pienk gesig op my afstorm. Sy gesig was so pienk dat ek myself voorgestel het dat hy 'n opgewonde pienk polonietjie in sy kakiekortbroekie wegsteek. Hy was wragtig besig om reguit op my af te pyl.

*Fokkit, my ou,* het ek gewonder, *wat dink jy doen jy?*

Ek stamp hom toe sommer sonder om te dink op 'n ander ou se skoot. Barrie was 'n oomblik later by. Ek het omtrent gehik soos hy my in die ribbes pomp en vra of ek mal is – pienkpoloniepielietjie het 'n pistool in sy hand gehad!

Oeps. Ek het dit nie gesien nie.

Iemand het die poeperige CD-spelertjie se kabel uitgetrek. Die stilte het harder geskreeu as my musiek kort tevore. Pienkpoloniepielietjie het voor my kom staan. Met sy pistool op my gerig. En met sy rosyntjieswart varklip-ogies wat hard probeer het om priemend te lyk. Maar iemand wat só pienk is sou in elk geval nooit die ek-deurboor-jou-met-my-oë-ding reggekry het nie. "My vrou vra dat jy nóú loop!" het sy stemmetjie hortend beveel. Die hand met die pistool het begin bewe.

Ek kon nie glo die situasie was real nie. Ek het my toppie van die koffietafel af opgetel en badkamer toe gedraf sonder om iets te sê.

Dit voel vir my nou asof Barrie en ek sekondes later in die motor was. Ons wás seker. Asof in 'n beswyming het ek die toneel deur die kar se ruit aanskou. Daar was 'n jongerige vleiskop met twyfelagtige verstandelike vermoëns, 'n baie bruin kêrel met dik wangbaarde en weemoedige oë, 'n ou oom wat sweerlik Herman Charles Bosman se Oom Schalk Lourens kon gewees het en 'n paar ander manne met boepense, klein kakiebroekies en sweetkolle onder hulle geruite oksels. Die kinders was nie by nie.

Net toe ons wegtrek, het die pistool afgegaan en mense het begin gil. Ek dink daar was selfs polisieligte wat in die nabyheid begin flits het toe ons wegry.

Hel, het ek gedink.

Ek het by Barrie verneem dat hy my betaling gekry het en ek was dankbaar.

Ek het eers 'n halfuur later besef tot watter mate ek my melk weggeskrik het. Wat sou van my geword het sonder Barrie? Ek het vir hom geglimlag, maar hy't nie opgelet nie. Kort daarna het die eentonigheid van die motorrit en die feit dat ons nie 'n enkele woord met mekaar gepraat het nie sy tol begin eis. Ek was skeelmoeg en het aan die slaap geraak.

Afrikaners is mos plesierig en dan maak hulle so …

## 4. MEJ. KAALGAT
## EN SEKS IN 'N SPOOKHUIS

Mej. Hustler. Hoe totaal bisar.

My herinneringe aan my jaar as Mej. Kaalgat is vaag. Sjampanje, drugs, diarree weens te veel dwelms, limousines, fotosessies, hoerhuise, dronkgatte, nice mense, common mense, skinderstories, goed gemoduleerde kakpraters, ritmiese oliebolle, myners van die Vaaldriehoek, heroïenkoppe en nuttelose pepermente.

Ek het by House of Commons gedans en is raakgesien deur die ouens van *Hustler*. Hulle het gehou van hoe ek dans en het na my vertoning vir my kom sê hulle wil hê ek moet vir die kompetisie inskryf.

Sure, het ek gereken. Why not?

Al wat ek moes doen, is 'n stripshow van twintig minuste soos ek in elk geval elke dag by die werk gedoen het. Ek het gedink dis 'n moerse grap.

Vir die kompetisie moes die finaliste (waarvan ek toe nou een was) elkeen 'n vertoning lewer by die prysuitdeling van 'n gholfdag. Die gehoor was vol jagse, dronk gholfspelers. Die beoordelaars was bekende sportpersoonlikhede van wie se bestaan ek in elk geval totaal onbewus was. Ek was mos nog altyd 'n onsportiewe kultuurkoek gewees, hoe sou ek nou weet wie's hulle? Hulle het in elk geval vir my na baie boring mense gelyk.

Die gholf moes seker baie jolig gewees het. Sulke gholfdae gaan nie eintlik oor gholf nie, maar oor dronkword, om gholfkarretjies soos stampkarretjies te ry en om by elke putjie shooters gevoer te word deur skamelgeklede strippers, hoere en allerlei welbedeelde én minderbedeelde lede van die vroulike geslag.

Ja-nee, kêrels, gholf is 'n lekker sport.

Ek en die ander finaliste het nie die gholfdag bygewoon nie omdat ons vir die kompetisie moes voorberei. Op een of ander manier het ek dit so kalm gevat dat ek alles tot op die laaste minuut gelos het en omtrent al my bykomstighede by die huis vergeet het.

Ek was bevoorreg om baie van my vriende by die kompetisie te hê. Die gehoor se reaksie was 'n belangrike bydraende faktor tot die bepaling van die finale uitslag en my vriende het soos rasieleiers te kere gegaan.

Ek was nie 'n poser nie. Die oorgrote meerderheid strippers kan glad nie dans nie, hulle loop net rond en poeseer. En ek bedoel dit letterlik. Dis nie 'n spelfout nie.

'n Kollega van my het gesê ek het iets wat die ander meisies nie gehad het nie: gees. Ek het met my siel gedans, en ek weet sy was reg. Dis een van die redes hoekom dit vir my so moeilik was om op te hou, want deur te dans kon ek 'n mal dier wees en uiting gee aan my diepste gevoelens.

Ek het in die geheim begin dans toe my ouers uitmekaar is aan die einde van my matriekjaar. Wanneer ek ook al die kans gehad het, het ek die sitkamer se gordyne toegetrek wanneer daar niemand by die huis was nie, harde musiek gespeel en gedans. Wanneer ek 'n kar by die garage hoor intrek het, het ek dan vinnig weer die musiek afgesit en opgehou. Dit was my terapie, want praat het nie gehelp nie: my emosies was nie iets waaroor ek kon praat nie, ek moes dit fisies uit my lyf kry.

Toe die tyd aanbreek vir my vertoning daai aand by die gholfklub se prysuitdeling het ek vergeet van senuwees, die gehoor, selluliet, 'n puisie op my boud en om my klere sexy te probeer uittrek. Ek het die musiek met geweld beleef en ek het soos 'n gevalle soldaat gevoel toe ek klaar was. Maar my siel het soos 'n vlag gewapper.

Geen dwelm kon my nog daardie gevoel gee nie. Al het die media my later 'n "self-confessed sex object" en 'n "los siel" genoem, wou ek en kon ek nie ophou nie. Ek was verslaaf aan die verlossing wat dans my gebied het. Seks kom nie eers daar naby nie, en ek hou báie van seks.

Maar wat ook al. My vertoning het gewerk en ek het die Mej. Hustler-kompetisie gewen.

Ek was Mej. Kaalgat! Hiep-hiep-hoera!

Soos ek jou sê, ek onthou nie rêrig veel daarvan nie, behalwe dat ek nog meer as voorheen gestrip het.

\* \* \*

Moenie 'n fout maak nie: strippers is 'n spesie op hul eie, maar jy kan nie sommer 'n oorkoepelende psigoprofiel van hulle opstel nie. Daar is net te veel tipes.

Die soort wat my veral irriteer, is dié wat mans as kommoditeite sien – die soort wat ook die hardste huil wanneer mans húlle as kommoditeite sien. Hulle vind hul geluksaligheid in handsakke en nuwe skoene, armbande wat klingel en lang sigarette. Baie statusbewus. Ek weet nie of dit die werk is wat hulle só laat word nie, maar hulle is gewoonlik redelik ongeskik. Teenoor mans én vroue.

Bygesê, ek was óók. Ongeskiktheid is waarskynlik 'n onvermydelike neweproduk wanneer jy op 'n gereelde basis jou klere voor 'n klomp jagse bullebakke uittrek.

Al probeer hulle dit hoe hard ontken, is sommige strippers se lewensfilosofie dat vroue op aarde is om mooi te lyk, en sodoende sal alles vir jou betaal word deur een of ander man. Vreemd, aangesien die meeste strippers genoeg geld maak om ten minste elke dag te kan uiteet. 'n Geharde stripper stel net belang in mans met geld, mans wat vir hulle drankies kan koop, of 'n huis, of 'n kar.

Het jy al 'n stripper in daglig gesien? Veral 'n wit een?

Buite werksure lyk die wit girls gewoonlik soos uitgewaste vadoeke en loop rond sonder grimering, in sweetpakke of vuil jeans en tekkies en so min glans as moontlik. Die swart girls, daarenteen, sal nie 'n voet buite die huis sit sonder stiletto's, groot oorbelle en vals wimpers nie.

Sommige strippers slaap sommer met hulle grimering aan en in een posisie om die volgende oggend beter te lyk, maar die meeste word wakker sonder grimering, pruike, haarstukke of vals wimpers. En met selluliet, bloukolle, rekmerke en ander littekens; met bleek gesigte, yl en kort wimpertjies, tande vol plaak en goeters van die vorige aand se sigarette, tequilas, sambucas, wyn en shooters. Dalk selfs 'n ou kotsasempie.

No big screen glamour.

Strippers het gewoonlik ook baie bagasie. Hulle werk nie almal net in een klub nie. Die meeste van hulle is gewoonlik die meeste van die tyd op pad tussen dorpe, stede, verskillende klubs en private venues. Sommige dra First Aid Kits en naaimasjiene met hulle saam. Ennie was een van hulle. En baie skoene: bootse en bootse. Soos regte country-sangers. Of dan skoene met moerse hakke wat baie weeg en baie plek vat.

Die emosionele bagasie van 'n stripper is meestal nog meer as die handbagasie. Van hulle het kinders, of mans wat hulle slaan, of exboyfriends wat hulle probeer vermoor, of gangsters wat hulle "oppas", of jaloerse lesbiese girlfriends wat bang is hulle draai straight. Ek het nog nie een stripper ontmoet wat 'n gesonde verhouding kan handhaaf nie.

Daar was Charmaine, byvoorbeeld. Sy't 'n kind gehad by die eienaar van 'n bekende upmarket-hoerhuis in Bryanston. Die stories het geloop dat die kêrel 'n vroueslaner is, dat hy betrokke was by moord en dwelmhandel en al 'n paar keer in die tronk was.

Hy was 'n gevaarlike, maar mooi Libanese mannetjie in wie se broek ek byna geklim het – tot die bietjie rasionele denke wat ek nog oorgehad het my anders laat besluit het.

Charmaine se kind bly by pimp-daddy in die bordeel omdat sy self nie 'n nugter ma kan wees nie. Is dit dan beter vir die kind om in 'n hoerhuis by sy pa groot te word?

Van Charmaine hoor 'n mens net hoe die hoere by die hoerhuis haar kind slaan en hoe sy elke vyf maande al weer pregnant is. Strippers maak soms graag of hulle pregnant is in die hoop op simpatie van die klubeienaar. Dit werk nie.

Daar was Wilma. As kind het sy daarvan gedroom om 'n wêreldberoemde ballerina te word. Toe word sy 'n stripper. Sy strip al veertien jaar lank, het ook 'n kind, 'n werklose bodybuilder vir 'n boyfriend, en sy vertel graag watter bekende rugbyspelers, akteurs en modelle haar al genaai het.

En Jenny. Haar man het haar show-CD's gekrap, want hy wou nie hê sy moes dans nie. Hy kon dit nie hanteer dat sy vrou vir ander mans strip nie, maar hy kon haar ook nie los nie, want hy was lief vir haar.

Lilly se eksman wou haar vermoor. Hy't selfs 'n mafia op haar spoor gesit.

Toe gaan kruip sy in 'n vaal ou plekkie in Port Elizabeth weg.

As jy 'n stripper wil wees, moet net nóóit verwag dat jy terselfdertyd 'n normale verhouding met 'n man kan hê nie. Dit bring die slegste in hulle uit. Dit breek hulle.

En dan breek hulle jou.

En só word mense kommoditeite. Speelgoed. Weggooigoed. *Sex, Lies and Videotape.*

\* \* \*

Ek het selfs in 'n porn movie gespeel. Die fliek is een oggend vroeg in die tuin van een van die beter hoerhuise geskiet. Dit was 'n soel someroggend vol deurskynende lentegroen blare, ligblou swembadwater, pienk bougainvilleas en verblindende wit teëls om die swembad. Hoe het ek in dié situasie beland? Dit was vir my selfs nog meer bisar as toe ek die Mej. Kaalgat-kompetisie gewen het.

Ek het nie gedink ek is juis pornografies aangelê nie. Een van my kollegas, wat as Tank Girl bekend gestaan het, het by verskeie geleenthede gesuggereer dat sy my graag in 'n porn movie wou gebruik. Haar stokperdjie was om blou flieks te maak. Sy't gehoop sy sal haar eie stripbestaan op dié manier tot 'n einde kan bring.

Daar was 'n mate van bekoring vir my in die idee om seks te hê op kamera voor 'n filmspan. Dit was so half 'n seksuele fantasie. En fantasieë is belangrik. (Dis wanneer jy nie meer weet hoe om te fantaseer nie dat jy in 'n stripklub of 'n Streelkasteel opeindig en jou huwelik opneuk.)

Tank Girl het my toe gebel. Sou ek die volgende Saterdagoggend van tienuur af beskikbaar wees vir 'n vinnige naai? Dit sou 'n lesbian shoot wees, sy sou die regisseur wees en vir my sê wat om te doen en ek moes net my S&M-outfit saambring. Haar boetie is aangesê om ons van pizza en wyn te voorsien. Bring vibrators en ander speelgoed saam, oukei? het Tank Girl beveel.

Oukei, oukei.

Die storielyn het die diepte gehad van 'n tipiese Afrikaanse dansliedjie. Ek sou die rol van 'n psychic vertolk wat Tarot-kaarte lees en heksery beoefen. My huis was tot so 'n mate begoël dat almal wat oor die drumpel trap net wou naai. 'n Verveelde huisvroutjie sou my kom besoek en 'n kort Tarot-lesing vir haar sou volg.

Dan die sports. Ek moes haar net gryp en begin soen. Dan sou ons skielik langs die swembad wees en uit die niet sou allerlei bykomstighede soos vrugte, wyn, room en seksspeelgoed verskyn. Die hele

storie sou eindig by die verveelde huisvroutjie se emansiperende or-
gasme.

*Girls are doing it for themselves. Got it?*

*Got it.*

Ons het vooraf afgespreek dat dit sý sou wees wat die orgasme
kry, want ek kan nie 'n orgasme namaak nie.

Die Tarot-lesing sou net twee minute van die uiteindelike
45 minute uitmaak.

Natuurlik. Hierdie was nie 'n BBC-dokumentêr oor goëlery nie ...

Op die dag van die shoot het ek 'n groot, getatoeëerde vriend
saamgevra, net vir ingeval. Dit was eintlik meer vir morele onder-
steuning as enigiets anders.

Dit was 'n sweterige, vlinders-in-die-maag lentedag. Ek en my
vriend was voor die res van die span daar, wat kort daarna opgedaag
het: Tank Girl, haar boetie met die pizzas, die verveelde huisvrou en
'n kameraman.

Fokkit, het ek gedink. Waar is die make-up artist, stylist, ward-
robe-mense, die ouens met die beligting en die director? Huh?

Die magtige Suid-Afrikaanse bloufliekbedryf was toe op die vlak
van tuisvideo's. Wat 'n teleurstelling – ek sou hierna nie 'n budding
porn star met 'n toekoms wees nie, maar die ster van 'n kaalgat
home movie!

Die hele ding is toe in presies 45 minute verfilm. Sonder enige
regie. Tank Girl het binne gesit en pizza eet terwyl ek, die kamera-
man en die verveelde huisvrou buite geswoeg het. Die spontane
sessie tussen ons twee girls is uit sewehonderd verskillende hoeke
afgeneem. Deur die enkele kameraman ...

Nou moet jy verstaan: ek is nie naasteby lesbies nie. Al leiding wat
die kameraman my kon gee, was: "Be more verbal! Talk dirty!" En al
wat ek kon uitkry, was "You filthy little slut!" oor en oor. My brein
het gevries. Toe die verveelde huisvrou met 'n gejuig haar orgasme
bereik, het ek byna saamgejuig.

Die res van die span het intussen spontaan in dawerende applous uitgebars.

En toe eet ons pizza, drink wyn en kyk na die opname van die verrigtinge op die skerm in die sitkamer. Daar het ek gesien dat my maag reeds 'n bietjie groter was as wat hy veronderstel was om te wees ...

As die aktrise wat die hoofrol vertolk het, is ek nie veel betaal nie. Daar was ook geen orgie voor of na die tyd nie, geen skamelgeklede mans wat die warmgevrydes met palmtakke koel waai nie, daar was geen kokaïen op silwerskinkborde nie, geen Franse sjampanje of eendlewer-paté nie. Net 'n paar bottels goedkoop wyn en goedkoop pizza.

Daarmee was dit dan ook die einde van my rolprentloopbaan.

* * *

Ek moet sê ek dink al hierdie dinge het stelselmatig bygedra tot die soeke, kort na Wanya se geboorte, na 'n meer normale bestaan. Ek het my regtig daaroor bekommer. Dalk moes ek weer iets gaan swot, het ek geredeneer. Omdat ek nog altyd iets in 'n mediese rigting wou gaan doen, het ek by Wits Technikon gaan uitvra oor hul radiografiekursus. Dit nou op die ouderdom van 31, 'n volle dertien jaar na matriek. Om toelating te kry, moes ek eers 'n toelatingstoets skryf, gebaseer op matriek-wiskunde. Ek het dit toe met iets soos vyftig persent geslaag nadat ek 'n klomp handboeke by 'n vriend van my se matriekseun vir 'n naweek gaan leen het.

Die geluk was duidelik aan my kant.

Om 'n lang storie kort te maak, het ek toe vir ses maande radiografie geswot, in die koshuise van die Johannesburgse Algemene Hospitaal gebly, saans mans gewank by die Streelkasteel en naweke my kind gesien – sy't eers by my ma gebly en toe by my pa. Intussen moes ek ook probeer swot en ons het soms vir weke praktiese werk by Jo'burg Gen of Milpark gedoen. Ek het regtig 'n bietjie uit gevoel tussen die agttienjarige meisies en ek kon dit nie volhou nie – nie met als wat nog bygekom het nie!

Toe kry ek 'n aanbod om redakteur van *Loslyf* te word. Dit was uiteindelik 'n geleentheid om 'n dagwerk te hê waarmee ek genoeg geld sou verdien om Wanya in 'n kleuterskool te sit en 'n woonstel te bekostig waar ek haar saans by my sou kon hê. Fok dit, het ek besluit. Ek was nie bereid om my kind se eerste drie jaar te mis nie. *Loslyf* was my eerste tree na normaliteit en gesondheid.

My werk as redakteur was eenvoudig: maak die tydskrif net vol seks. Maar my struikelblokke was baie. Eerstens moes ek elke maand die bleddie ding aan die Publikasieraad voorlê voor ons dit drukkers toe kon stuur, en maand na maand was daar "korreksies" wat hulle wou hê ek moes maak. Soos om alle oopgesperde vaginas en enige uitbeelding van urinering uit te haal. Foto's van stywe penisse was spesifiek taboe. Nou wat de moer moet ek dan in die ding sit? wou ek gefrustreerd weet.

Die werk was nie rêrig veeleisend nie. Ek het mos nou die ball sense gehad. As redakteur het ek heeldag in mense se oopgespalkte skaamdele vasgekyk en moes erotiese verhale skryf wat by die foto's gepas het. Nodeloos om te sê het ek die meeste van die stories uit my duim gesuig, maar ten minste het ek geweet waarvan ek praat.

Uiteindelik was die Publikasieraad se voorskrifte van so 'n aard dat ek met suggestie moes werk, wat die hele punt van pornografie defeat. Pornografie is nie veronderstel om suggestief en subtiel te wees nie, dis blatant – dit spoeg in jou gesig. Toe het ek maar begin om my frustrasie met die bleddie Publikasieraad te verwerk deur oor al die goed te skryf waarvan ek nie foto's kon plaas nie. Al daai ketoolse stories in *Loslyf* was die vrug van mý verbeelding, nie die lesers s'n nie. En ek het alles bedoel. Dikwels het die fotograaf, wat ook 'n vrugbare verbeelding gehad het, my darem gehelp. Ek het al my fantasieë en nie-fantasieë gepubliseer, en nog meer.

Ek het elke seksposisie en -scenario onder die son gedek, van die een kant in tot die ander kant uit. Gelukkig het die oompiekedoompies by die Publikasieraad nooit verder as die foto's gegaan nie en my stories het deurgeglip. Op 'n tyd het ek selfs terugbeweeg na stories oor "normale" fantasieë en selfs digterlik geraak oor blowjobs.

Vir my was *Loslyf* in daai stadium 'n droomwerk: die geld was goed, ek het my eie kantoor gehad, ek kon kom en gaan soos ek wou, ek kon alles wat ek op die hart gehad het op skrif stel, ek kon ordentlik vir my kind sorg en saans by die huis wees vir haar. Ek het selfs die wilde partytjies geniet. Dit was vet pret. Ek was só mal daaroor dat ek dit nóóit weer sal kan geniet nie.

By *Loslyf* het ek geleer jy kan ook net sóveel met pornografie doen en dan is daar niks nuuts meer nie. Dit gebeur in 'n wêreld waar seks en liefde geskei is. Noem my maar 'n koek, maar die beste seks is wanneer daar liefde by is. Noem my oudmodies, maar my idee van kinky is liefde. Om jouself totaal oor te gee aan jou eie man of jou eie vrou – dís kinky. Sodra liefde bykom, raak die moontlikhede legio.

En dis ook net spiritueel intelligente mense wat dit kan regkry.

Moenie my verkeerd verstaan nie: anonieme of liefdelose seks kán lekker wees, maar die plesier daarvan is maar kortstondig en oppervlakkig.

Wat pornografie betref, glo ek beslis nie dat dit die skuld moet kry vir wat verkragters en pedofiele doen nie. Nee wat, as jy reeds 'n opgefokte individu is, gaan jy pornografie waarskynlik sleg hanteer, maar dit kan nie 'n emosioneel stabiele persoon in 'n monster verander nie. Pornografie het my nog nooit regtig opgewonde gemaak nie, en dis waarskynlik hoekom ek die werk kon doen. Ek, soos die meeste ander vroue, stel meer belang in wat ek hoor as wat ek sien.

En mans is net mooi andersom. Dis jammer.

Kom ek stel dit vir jou só: As jy met absolute eerlikheid kan sê jou huwelik is dieper, meer betekenisvol en sterker (volgens álbei partye) danksy pornografie, stripklubs en streelkastele, is ek bly vir jou. Maar ek sal beslis nie met absolute eerlikheid vir jou kan sê dat ek jou glo nie.

Ek het myself so behoorlik uitgewoed in die hoolbestaan van seks vir geld, dwelms, liefdelose seks en alkohol dat ek nou klaar is daarmee. Nou wil ek eerder bring-en-braai en oor kinders praat en slaai maak en gelukkig getroude mense om my hê. Hegte gesinsbande, betekenisvolle gesprekke en emosionele bevrediging is waarna almal smag.

Party van ons besef dit net later as ander in ons lewens.

En dís waar ek nóú is.

# 4
# WAT WAS,
# WAT IS EN WAT KOM

# 1. SENSASIE, SKINDERSTORIES EN SPEELGOED

Op my eerste dag by die koerant het ek klaar besef dat nuusjoernalistiek by 'n tabloid 'n interessante reis gaan wees.

Een van my nuwe kollegas was die einste joernalis wat 'n voorbladstorie oor my as "die porno-koningin en haar liefdeskind" in die skinderkoerant *Son* gedoen het. Ek onthou nog die verleentheid waarin dié storie verskeie mense na aan my gedompel het. Self het ek my nie veel daaraan gesteur nie; ek was te besig om 'n ma te wees. Ek het wel begryp dat die skryf van sodanige stories die joernalis se dagtaak was en dat niks wat sy oor my te sê gehad het onwaar was nie. Die manier waarop sy dit aangebied het, was natuurlik sensasioneel, maar dis tog 'n skinderkoerant se benadering, is dit nie?

Indien jy dit destyds gemis het, hier volg dit woordeliks:

PAPPA 'NIEK'

**Deur Yolanda Barnard**

*David Rees (39), wat bekend geword het as die humeurige Niek in Egoli, het tydens 'n nag van passie by 'n stripper 'n dogtertjie verwek. In ware sepie-tradisie is die stripper niemand anders nie as Loslyf se redakteur, Karin Eloff.*

*Drie jaar gelede was Karin (Zoë) 'n stripper wat geleef het vir dwelms, seks en paaltoertjies.*

*Tydens een van haar erotiese lyfdansies by 'n Hustler-promosie het dié blonde Egoli-ster in haar lewe ingefling.*

*Toe hy haar sien, was sy woorde: "I want to be born within you," min wetend dat 'n kind uit Karin gebore sou word.*

*"Ek was aangetrokke tot hom, maar het nooit gedink ons gaan 'n verhouding aanknoop nie. Dit was 'n fling van drie maande, en my dogtertjie is gebore," sê sy.*

*Karin erken sy het nie geweet of David die pa is nie. "In daardie stadium was daar ander mans in my lewe. Ek kon nie met sekerheid sê of hy die pa is nie. Ná my dogtertjie se geboorte het sy ál meer na David begin lyk. Maar ek het tjoepstil gebly," sê Karin.*

*Agt maande gelede het David uitgevind hy is die pa.*

*David sê: "Ek en Karin het ná ons vinnige fling nie meer kontak gehad nie. Ek het rumours gehoor oor Karin se kind en ek het dadelik geweet dis my kind."*

*Karin het met haar boepmagie en al gestrip. Maar ná haar kind se geboorte het sy dwelms, drank en die strippaal gelos. "Loslyf het die regte tyd in my lewe gekom. Dis 'n stabiele werk en ook 'n vaste inkomste. David betaal nie onderhoud nie. Hy suig geldelik aan die agterspeen. Akteurswerk is skaars en hy kan nie geldelik bydra nie. Hy koop af en toe doeke."*

*David is baie lief vir sy dogtertjie en sien haar elke tweede Sondag. Hy vat haar op uitstappies en die oupas en oumas aan weerskante bederf die kleinding. "Sy sê vir David 'Pappa' en raak ál liewer vir hom," sê Karin. "My lewe het heeltemal verander. My kind is nou my alles en ons wil soveel tyd as moontlik saam spandeer. Ek het nie in dié stadium tyd vir 'n man in my lewe nie. Miskien sal ek later begin date," sê sy.*

*Karin ken David nie eintlik nie. "Ek weet nie eens watter nommer skoen hy dra nie. Hy is goed vir my kind. Dis ál wat belangrik is."*

*Karin is nog nie keelvol vir die porn-bedryf nie, maar as haar kind ouer is, gaan sy* Loslyf *los en 'n intelligente man aanskaf. "Ek en David gaan beslis nie trou net ter wille van die kind nie."*

*David, wat nog nooit getroud was nie, sê hy kan maar net droom om met Karin te trou. "Sy is 'n ongelooflik intelligente vrou en 'n fantastiese ma. Ek sou nie 'n ander ma vir my kind gekies het nie," sê hy.*

Die individue na aan my het gesukkel om my te vergewe vir die feit dat ek met die skinderkoerant gepraat het. Wat moes mense van húlle dink? Hoe kon ek mysélf so verneder?

Dis vir my altyd verstommend hoe mense obsessief raak oor wat ander van hulle dink en heeltemal vergeet wat hulle van hullesélf dink. Die koerante en tydskrifte moes maar skryf wat hulle wou, het ek geredeneer. Ek het van myself begin hou en ek het niks gehad om weg te steek nie.

Tabloid-joernalistiek was egter 'n spel wat ek lankal dopgehou het, en ek het besef die laaste ding wat jy moet doen is om precious oor jouself te wees. Speel die speletjie slim en jy kom ongedeerd daarvan af. Moenie kwaad word nie, moenie die waarheid ontken nie en moenie obsessief raak oor wat mense van jou dink nie – dit sal jou duur te staan kom. Wees liewers net tevrede met jouself en leer jou kinders om tevrede met hulleself te wees, sodat wat een of ander joernalis oor jou skryf regtig nie belangrik is nie.

Ek het vinnig besef dat joernaliste seker van die interessantste mense op hierdie aarde is. Daar was nog nooit 'n vervelige oomblik op kantoor nie. Die gesprekke is altyd geweldig stimulerend. Die waarheid is beslis vreemder as fiksie. Ek kon sien dat my kollegas die laaste mense sou wees wat 'n saak met my of my verlede sou hê, en dat hulle eintlik geensins veroordelend was of is nie. Joernaliste het mos al álles gesien en gehoor.

Soms hét ek vreemd gevoel, soos die keer toe ek 'n storie moes dek oor 'n enorme seksuitstalling in Johannesburg. Ek is om ooglopende redes afgevaardig om die ding te gaan dek. Ek was egter erg op my senuwees om weer daardie wêreld te betree. My kollegas was besoekers aan die sogenaamde volwasse vermaakbedryf, maar vir my was dit die plek waarvan ek juis pas ontsnap het. Ek wou nie weer ingetrek word nie. Ek het nie meer in die liefdeloosheid en oppervlakkigheid daarvan belanggestel nie. Ek het nie meer in die minagting van verhoudings of huwelike belanggestel nie. Ek was bang om in mense vas te loop wat my 'n ander naam noem, want ek het nooit my eie naam in die seksbedryf gebruik nie. Ek het Zoë destyds as 'n goeie keuse beskou omdat dit oorspronklik Grieks is en "lewe" beteken. Maar hoe kon ek verduidelik ek was daar, maar nie om te strip of as redakteur van 'n porno-tydskrif nie? Ek was nie meer lus vir vibrators en dildos en oopgespalkte geslagsdele en seks sonder liefde nie.

Wat as ek sou vasloop in iemand wat ek in die Streelkasteel gewank het?

Wat as ek sou vasloop in 'n customer?

Wat as ek daai haat en woede weer van vooraf sou voel?

Wat as iemand my coke sou aanbied?

Ek was nie lus vir verduidelikings nie. Hoe verduidelik jy vir 'n customer dat sy wêreld nie meer vir jou werk nie?

Ek het skoon 'n hoofpyn ontwikkel soos wat ons van stalletjie tot stalletjie geloop het. Daar was strippers op die verhoog en baie potensiële customers. Ek het nog gedink die Streelkasteel sou goeie besigheid kon doen met al die jagse mans wat daar was.

Vir die meeste besoekers was dit óf 'n grap om daar te wees óf opwindend. Hulle het gegiggel oor vibrators (ek het al tot vervelens toe met dié vervloekte goed te doen gehad tydens vertonings) en met groot oë na die omslae van uitgestalde porno-DVD's gekyk, om nie eens van die seksspeelgoed te praat nie.

Ai. As al hierdie nuuskieriges maar net geweet het ...

Die seksuitstalling het my laat terugdink aan die tyd in my lewe toe ek ten spyte van al die intense paradigmaverskuiwings wat in my kop plaasgevind het, nie maklik uit die kloue van die seksbedryf kon kom nie. Ek het verslaaf geraak aan my eie evolusie. Ek wou die hele pad loop, want ek wou sien waar dit eindig. 'n Amper perverse behoefte aan sensasie, opwinding, duisternis, sleaze, intensiteit, onafhanklikheid en die vae moontlikheid van spirituele en persoonlike groei het my daar gehou.

Ek het in 'n stadium met speelgoed begin werk om my eie grense te toets. Dit behels 'n halfuur waartydens jy een of ander voorwerp in jouself moet opdruk, soos 'n vibrator, piesang, kers of enige ander falliese objek wat jy tot jou beskikking het. Hiervoor word jy aansienlik meer betaal, want customers dink dis cool, oe-la-la!

Toy shows, noem hulle dit.

Nou kyk, moet my nie verkeerd verstaan nie: om 'n ding in jou op te druk voor 'n klomp jagse ou ooms verg besondere toewyding.

My eerste paar toy shows was lagwekkend en ek sal jou die detail spaar. Vertrou my maar: dis bliksems seer as jou lyf nie heeltemal ontspan nie, en jy kan eenvoudig nie jou gesig trek nie, want dan is die vertoning in sy moer in. Nee, jy moet lyk of jy 'n brandblusser met gemak kan akkommodeer – dís wat hulle laat kwyl.

My daaropvolgende toy shows het geensins meer van my geverg nie, want 'n stadige in-en-uit was genoeg vir die customers. En ek het begin leer hoe om my lyf genoeg te ontspan om dit te kan doen. Dit was net nóg 'n grens wat ek vir myself oorgesteek het – ek het só skaamteloos geword dat ek sonder om te blik of te bloos goed in myself kon opdruk voor 'n klomp toeskouers.

Maar daar het vinnig 'n einde aan gekom die dag toe ek 'n toy show moes doen terwyl ek menstrueer. Ek het by die ander girls gehoor jy druk 'n sponsie op, want dis meer vormbaar as 'n tampon. Dink maar vir jouself: as jy klaar 'n tampon in het, is daar nie juis plek vir nog iets nie. By die hoere het ons toe uitgevind dat 'n sponsie wél plek laat vir 'n vibrator, en nog meer.

Ek was bespreek vir 'n toy show in een of ander stoor en ek kon dit nie kanselleer nie. Sommige agente gee mos nie om of jy in kraam is nie. Strip sal jy strip, anders verloor almal geld. Dit maak seker sin.

Ek het toe 'n kombuissponsie se growwe kant afgesny en die res van die ding so diep ingedruk as wat ek diep is. Ek het my vertoning gedoen asof ek op eiers dans, stadig en baie versigtig. Ek was bang dat die ding op 'n ongeleë tyd sou uitkom.

Alles het darem glad verloop en ek het dié aand doodmoeg en in effense pyn op my bed uitgepass, met die sponsie steeds iewers diep binne-in. Miskien 'n bietjie té diep. Ek was te moeg (en te dronk) om die ding uit te haal.

Môre, het ek besluit. Môre.

Ná 'n heerlike nagrus het ek opgestaan om te gaan piepie en gereken ek sou sommer so die sponsie uitdruk, want daar was nie 'n toutjie aan soos met 'n tampon om dit mee uit te trek nie.

Dit behoort maklik te wees, het ek gedink. Eeezy-peezy.

Ek druk toe so hard dat ek amper 'n aar in my kop gebars het. Niks. Ek het my vingers so diep ingedruk as wat ek kon en probeer rondtas. Niks.

Nou waar sit die fokken ding dan? Iewers tussen my pankreas en my lewer?

Na omtrent 'n halfuur se rondgrawe het ek opgegee.

Ek het paniekerig begin raak. Sommer baie. Ek sou seker na 'n dokter toe moes gaan. En wat vertel ek hom? (Gelukkig was dit nie 'n speelgoedkarretjie nie.)

Uit pure desperaatheid en 'n tekort aan enige beter idees, bel ek toe my eks-boyfriend om te kom help.

Hy wou hom doodlag, die irk.

"Ek sal chopsticks saambring," het hy gegiggel.

Hy hét toe, en ek het hom byna by die voordeur weggejaag. "Jou vingers of fokol!" het ek hom gewaarsku. "Jy druk nie jou stokkies in my in nie."

Gelukkig kon hy die verskil tussen my weefsel en 'n kombuis-spons beter bepaal as ek. Dit was binne minute uit en ek sal hom ewig dankbaar wees.

En so het ek op die harde manier geleer sekere speelgoed is nie kinderspeletjies nie ...

## 2. DIE PLESIERBOOT

Een oggend was daar 'n moerse foto van 'n omgekeerde plesierboot op 'n Gautengse dam op die voorblad van een van die dagblaaie.

'n Booze cruise, het ek onmiddellik besef.

Die berig het vertel dat dit een of ander ou se paartie was en dat die paartie skaars aan die gang gekom het toe die boot begin wankel. Die foto het gewys hoe die boot onderstebo lê, gelyk met die water. Ek het sommer geweet dis een van daai bote waar strippers gehuur word vir die paarties aan boord.

En ek kon daar gewees het.

Ek het self ook al op daai einste boot op daai einste dam gestrip. Ek het onthou hoe moeilik dit was omdat die boot heeltyd heen en weer gewieg het; jy kon nie lekker vastrapplek kry nie. Jy kan ook nie ontsnap nie, tensy jy bereid was om in die water te spring as die mans te orig geraak het. En mans hét uitgehaak op daai boot, ver van die land af, ver van vroulief se wakende oë. Soos ek onthou het, was hulle oorwegend middeljarig, vet en nie meer lus vir hulle vroue nie. Die vroue was waarskynlik ook nie meer lus vir hulle nie. En boonop was dit meestal Afrikanermans, wat beter as enigiemand anders kan suip. En na jou lyf gryp.

My kollegas het besluit ons moes onderhoude probeer voer met van die strippers wat op die boot was. Natuurlik was ek weer eens die aangewese persoon. Maar hulle het nie verstaan dat ek nie met alle strippers in die land bevriend was nie, dat 'n mens nie vriende maak met strippers nie.

Hoe dit ook sy, ek het toe een van die girls op wat op die boot was opgespoor. Ons het telefonies gesels en toe ek my stripnaam noem, het sy dadelik geweet wie ek is.

"Onthou jy my dan nie?" het sy verbaas gevra. Ek moes effe verleë erken dat ek nie goed is met name nie, maar dat ek nooit gesigte vergeet nie.

Toe sy haar voordeur oopmaak, was dit toe wragtig een van die girls wat gereeld saam met my by een van die klubs was. Ons het mekaar soos ou vriendinne omhels, hoewel ons steeds nie mekaar se regte name geken het nie. Sy't haar pantoffels aangehad. Daar was geen grimering nie. 'n Tipiese stripper op 'n afdag.

Sy was besig om kos te maak in die kombuis. Sy't ons vertel terwyl sy met haar vertoning besig was op die boot, het haar mandjie met room, kerse en allerhande ander speelgoed skielik van die stoel agter haar afgeval. Sy't gedink dit was seker maar een van die dronk ou ballies wat dit afgestamp het, maar dit was omdat die boot besig was om te sink! Sy't maar aangehou dans, maar toe besef die mense stadigaan wat besig is om te gebeur. Die meeste het paniekbevange laat spaander, maar sommiges was só besope dat hulle eers 'n laaste knertsie by die kroeg wou bestel.

One for the road, as 't ware.

En toe moes hulle van die boot afspring en swem.

Dat niemand aan 'n hartaanval gesterf het nie, bly 'n wonderwerk. Stel jou voor: 'n klomp middeljarige, oorgewig, dronk mans wat swem vir hulle lewe – een blykbaar met 'n bottel drank onder die arm wat hy gegryp het net voor hy gespring het.

En die ou in 'n rolstoel van wie almal vergeet het. Behalwe ons vriendin die stripper. Sy't haar oor hom ontferm.

Ons het koffie gedrink en sy't gesê sy hoor ek doen goed. Ek het nie gevra wat sy daarmee bedoel nie. Ons het mekaar weer omhels toe ons loop, en ek het op pad terug gewonder wat sy daarmee bedoel het.

Ja. Ek was inderdaad bly dat ek nie meer 'n stripper was nie. En ja, ek wás besig om goed te doen. Nie finansieel nie, maar wel in my hart en in my kop.

Dit was nie meer nodig om vir myself te lieg nie.

As stripper lieg jy konstant vir jouself, moenie 'n fout maak nie. Oorlewing sonder leuens is onmoontlik in die stripwêreld. Jy lieg vir jou familie oor waarmee jy besig is, jy lieg oor wat jou regte naam is, jy lieg oor hoe oud jy is, waar jy vandaan kom, of jy 'n boyfriend het, of jy jou werk geniet, hoekom jy dit doen.

Jy lieg net. Aanhoudend.

Dis die enigste vorm van beskerming. Dit help jou om 'n veilige afstand tussen jou en die customers te skep en dit te handhaaf. Jy staan reeds gestroop van jou klere voor hulle. As deel van jou oorlewingsmeganisme moet jy darem iéts vir jouself hou.

Aanvanklik gaan 'n mens deur 'n ontkenningsfase.

Die vasberadenheid om te oorleef in die seksbedryf, gekombineer met die skok oor mans se ware varksigheid, is aanvanklik so groot dat jy dit net sal oorleef indien jy dit ontken. Kyk, om mee te begin was ek nie naïef oor mans nie, maar die harde werklikheid wat jy in 'n stripklub beleef is 'n skop in die bek.

Dít was my motto: Maak jou oë toe, leef so vinnig moontlik en sorg dat jy nooit lank genoeg stilsit om te kan dink oor wat jy besig is om aan jouself te doen en watter skokkende waarhede jy oor die mensdom ontdek nie.

Kom ek wees eerlik: na my mening is dit ons oorgeërfde oordrewe godsdienstigheid wat strippers van werk in ons land verseker. Hoe meer jy 'n individu se seksualiteit onderdruk, hoe meer kom dit op 'n perverse, siek manier uit. En ek ken nie een stripper wat haar

WAT WAS, WAT IS EN WAT KOM

toevlug in 'n kerk gevind het nie. Daar sit dan juis die varke wat ons met so min respek behandel dat ons skaars onsself kon respekteer. Elke Sondag. In die banke. Of op die preekstoel. Ek verstaan dat dit ons keuse was om onsself as objekte ten toon te stel, maar nogtans – jy bly mens. Die customers het dit nie verstaan nie.

Ek sê nie álle mans is so nie. Ek moet 'n lansie breek vir die skrywers, akteurs, musikante en ander kunstenaars wat ook van my customers was. Al was hulle dikwels aanmatigend en pronkerig, het ek hulle as minder eng en onderdruk beleef. Hulle was gawer, meer menslik en minder geïntimideer deur kaal vroue.

Mans wat groot genoeg is om vir hulleself te kan lag is gawe mans. Mans met 'n swak selfbeeld is die gevaarlikste en ongeskikste. As hulle maar net kan besef: voorspel begin by goeie maniere. Ek het goeie maniere die meeste gemis.

Tydens my striploopbaan is ek deur twee ernstige verhoudings, wat altwee misluk het as gevolg van my werk. Dit is onregverdig en onmoontlik om van 'n man te verwag om die vrou in sy lewe se naaktheid en sensualiteit met ander mans te deel. Tensy hy ook permanent dwelms gebruik.

Aanvanklik is hulle trots en hulle dink dis cool om vir hulle vriende te kan sê hulle gaan met 'n stripper uit, maar sodra hulle regtig lief raak vir jou, raak dit onuithoudbaar pynlik.

Soveel so dat hulle jou soms bliksem, dat hulle geen ander manier het om dit te hanteer as met geweld, jaloesie, onttrekking of ontrouheid nie. Of hulle wil nie aan jou vat nie en wil nie meer intiem met jou verkeer nie, want soveel ander mans vat dan aan jou.

Ek wil sommer amptelik apologie aanteken en dié twee mans wat deur hierdie pynlike ervaring moes gaan om verskoning vra. Dit was 'n onnatuurlike situasie. Ook aan my dogtertjie se pa, wat ek as blote saadskenker gebruik het.

As 'n mens in die seksbedryf gewerk het, kom jy nie ongeskonde anderkant uit nie. Dit eis nie net 'n emosionele nie, maar ook fisieke tol. Stripping donder jou knieë lelik op. Myne het 'n growwe olifant-veltekstuur begin ontwikkel – eerstens omdat jy as stripper baie op jou knieë dans, en tweedens omdat die oppervlaktes waarop jy dans enigiets van satyn tot ghriesbesmeerde werkswinkel-betonvloere en selfs houtvloere vol splinters kan wees.

Probeer gerus om soos 'n sexy slang op 'n oppervlak te seil wat so grof soos sandpapier is ...

My knieë het begin kraak soos 'n oumens s'n. Hiervoor het elke stripper haar eie raat: van arnika-olie tot kookolie. En die meeste gebruik drank. Dit werk elke keer. Niks soos 'n tequila en 'n lyn coke om daai knieë weer te olie nie!

Die grootste rampgebied is voete. Enige danser s'n, seker. Jy kry gebarste hakke en skewe tone as jy vyftien ure 'n dag in stiletto's rondsteier, en soms ander beserings en pyne wanneer jy afdonder van die paar verdiepings wat jou stiletto's hoog is.

Vet is 'n ander storie. Sommige strippers is lekker dik in die gat. Daar's altyd die kans dat jou arm- en borsspiere goed sal ontwikkel danksy jou paaloefeninge, maar ek self was nie baie goed met die ophysery nie. Ek het meer as een keer op die mees onelegante manier afgegly – veral toe ek dronk was en die paal misgegryp het. Ek het nie altyd die paal gehaal nie.

Verder is 'n stripper se lyf amper nooit sonder bloukolle nie, en dis nie altyd weens 'n kêrel wat met sy woedebestuur sukkel nie. 'n Stripper sonder bloukolle is waarskynlik een wat nie regtig dans nie. In die Kaap het die strippers, soos met knieë, 'n arsenaal olies en pille en rome gehad om hulle bloukolle te probeer dokter. Die girls in Jo'burg is taaier – hulle worry nie oor hulle bloukolle nie. Wanneer jy boonop nog 'n liter of meer bloedverdunnende rooiwyn 'n dag drink, soos ek gedoen het, teel die bloukolle ywerig aan.

Die bloukolle is afkomstig van verskeie harde ontmoetings met pale, tafels of die verhoog. Wanneer jy 'n paal tussen jou bene vas-knyp om bo te bly, het jy aanvanklik sulke smerige bloukolle aan die sagste vleis van jou binnebene, totdat jou vel ook dáár hard word. Oor die algemeen is die meeste bloukolle afkomstig van tafelhoeke wat geniepsig raak as jy 'n paar glase te veel wyn in het.

Die laaste verskynsel wat 'n stripper moet leer om te hanteer, is die getye van haar eie liggaam. 'n Stripper wat nie haar eie liggaam ken nie, is beslis nie 'n goeie stripper nie. Jy moet weet watter tyd van die dag jy die meeste energie het, wanneer jy moet eet, wanneer jy 'n gesonde opelyf gaan beleef, wanneer jy winderig gaan wees, wanneer jou maandstonde gaan begin en wanneer jou borste te seer gaan wees om rond te swaai. Jy leer om aan te pas by die biologiese ritme van jou liggaam. Jy leer hoe ver jy jouself kan druk en wanneer om nie verder te druk nie.

Sodra dwelms in die prentjie kom, is die ritme van jou lyf holderstebolder en onvoorspelbaar. Aanvanklik. Later raak jou liggaam so gewoond aan die dwelms dat hy in elk geval weer sy ou deurtrapte voetspore volg.

Altans, dis wat jý dink.

En met kokaïen as jou primêre dwelmmiddel verbeel jy jou jy weet alles.

Nes die customers, almal in hul plesierbootjies na kammaland.

## 3. DIE NAAKTE WAARHEID – 'N NUUSBERIG

Sy kyk voor haar uit.

Sy weet wat gaan kom, want dit het al so baie gebeur.

Sy probeer haar lyf verhard, haar spiere inspan om die slag te vat. Of moet sy dalk eerder probeer om te ontspan, want dan is dit nie so seer nie?

Hy gryp haar aan haar hare. En dit maak seer. Dit maak altyd seer. Die TV-skerm flikker blou in sy gesig.

Hy druk sy penis in haar mond, en sy probeer om haar keelgat te ontspan sodat sy nie die tee wat sy pas gedrink het opbring nie.

Hy ruk en pluk haar kop en haal dan genadiglik sy lyf uit haar gesig uit. Maar hy's nog nie klaar nie.

Nou draai hy haar om. Sy staan op haar knieë voor die TV met haar broek afgetrek.

Sy kyk voor haar uit.

Hy rek haar anus oop en druk sy penis in. Dit is so seer, so verdomp seer sy kan al die koerantopskrifte sien: *Vrou sterf weens anale verkragting*. Sy dink sy gaan sterf. Sy knyp haar oë toe. Sy byt op haar lip, so hard dat sy bloed proe. Sy wil nie geraas maak nie, want netnou hoor die kinders haar.

Die probleem is dat niemand weet wat sy so gereeld moet deurmaak nie. En elke keer, wanneer sy wonderbaarlik oorleef, kan sy dit

144

nie regkry om iemand daarvan te vertel nie. Die verleentheid, die vernedering. Uiteindelik is daar meubels, of oorsese reise, of bosse blomme en sjokolade na die tyd. Die briefie lees:

*Ek is jammer, my liefling …*

Op die TV-skerm voor haar speel presies dieselfde toneel af. Behalwe dat die wulpse, beeldskone meisie met die oopgerekte anus van genot kreun. Die man wat haar penetreer se penis is merkwaardig groot. Hoekom kry sý dan nie seer nie? Dit móét mos seer wees!

Sy begin die meisie haat. Hoe kan sy dit vat? Stop die man!

Ag, Here, stop hom!

Wanneer dit verby is, skakel hy die TV af, skink nog 'n brandewyn en Coke en stap uit tuin toe. Hy praat nie eers nie.

Soms braai hy.

Sy gaan bad onmiddellik en probeer die grimering wat in haar angssweet spore oor haar wangbene geloop het weer skaflik te laat lyk. Voordat die kinders of iemand anders iets agterkom.

Sy huil. Sy kan nie verstaan hoe die man aan wie sy trou gesweer het en wie sy liefgehad het haar só gereeld gryp en gewelddadig verkrag nie.

Maar uiteindelik hét iemand anders agtergekom. En haar gehelp om te ontsnap uit die kloue van haar verkragter.

Byna twee dekades daarna het sy 'n nuwe man gehad, maar steeds probleme met intimiteit ervaar. Haar nuwe man het besluit dis tyd dat haar eksman en verkragter moet boet vir dit waarvoor hý nou betaal. Die vrou wat hy lief het, kan nie met hom intiem wees nie, want haar vorige man het haar verkrag.

Dis tyd dat hy kry wat hy verdien.

Sy maak toe uiteindelik 'n saak teen haar eksman aanhangig en tydens die verhoor kom dit uit dat hy nie net sy vrou verkrag het nie, maar ook verskeie ander vroue, selfs 'n kind. 'n Kind vir wie sy skoolgegee het. 'n Kind wat altyd vriendelik haar juffrou se mandjie gedra het.

Die man was 'n monster.

En sy was met hom getroud gewees.

Ná die verhoor is hy skuldig bevind en tronk toe gestuur om te boet vir die lewens wat hy verwoes het.

En sy het besluit sy moet hom vergewe, anders word haar verlede haar kanker.

\* \* \*

Dié storie was in een van die dagblaaie.

Die man se foto was by die nuusberig. Ek onthou nog hoe ek gedink het hy lyk soos 'n dronk skoolhoof, die tipe gesig wat ek so dikwels in stripklubs en hoerhuise gesien het, veral dié in Pretoria.

My nuusredakteur het toe 'n verrassing vir my: gaan praat met die vrou, het hy voorgestel. Gaan vra haar hoe de moer kry sy dit reg om só 'n monster te vergewe? Dit sal 'n lekker storie wees.

Ek het ook so gedink, maar was op my senuwees om met haar te praat. 'n Mens weet nooit hoe 'n vrou regtig oor haar verkragting voel nie, want meestal weet hulle sélf nie. Hulle wil die onderwerp vermy en hulself oortuig dat als net sal weggaan as hulle nie meer daaroor hoef te dink nie. Ek wou egter weet hoekom sy die man vergewe het en hoe sy nou met haar lewe voortgaan.

Ek en die fotograaf het die langpad aangedurf na die plattelandse dorpie waar die vrou gebly het. Hulle huis was 'n tipiese voorstedelike, vriendelike familiewoning. Sy en haar nuwe man het ons met ope arms ontvang, amper soos plaasmense, het ek nog gedink. Ek het nie vir een oomblik ongemaklik gevoel nie.

Toe sy oor haar verkragtings begin praat, het sy dit ook met soveel openlikheid bespreek dat ek gevoel het ek kan haar énigiets vra. Ons het koffie gedrink en heerlike beskuit geëet. Daar was gehekelde lappies oor die tafeltjies in die sitkamer en 'n Kersboom met tuisgemaakte versierings in die een hoek. Kinders het gekom en gegaan.

Toe vertel sy my dat die verkragtings elke keer gebeur het wanneer haar man 'n bloufliek gekyk het. Dit het sin gemaak. Ek het haar vertel hoe ek oor pornografie voel. Sy't gesê sy haat dit en sal nóóit saam met haar huidige, liewe man daarna kan kyk nie. Sy het vertel sy kon nie eers flieks hanteer waarin daar liefdestonele was nie. Intimiteit is 'n geweldige probleem, het haar nuwe man gesê en met hartseer oë by die deur uitgestaar.

Toe tref dit my waar ék vandaan kom.

Ek het vir 'n oomblik lank vergeet.

Ek het onmiddellik skuldig gevoel. Die wêreld wat my en my kind vir 'n geruime tyd aan die lewe gehou het, die wêreld wie se bestaansreg ek in die openbaar verdedig het, is die einste wêreld wat hierdie vriendelike vrou se lewe verwring en verwoes het.

En hier sit ek in haar sitkamer en eet haar beskuit en sy weet nie wie ek is nie.

Die naakte waarheid het aan my geknaag terwyl haar kinders kom en gaan, haar hondjies vir beskuit bedel en haar man 'n sigaret rook terwyl hy hartseer in die deur staan.

Moet ek haar sê? het ek gewonder. Moet ék haar om vergifnis vra? Is ék skuldig? Is ék aandadig? Het haar verkragter *Loslyf* gekoop? Hoe sal sy reageer as sy weet wie ek is, wie ek was? Sal sy my uitjaag? Sal sy, soos so baie ander vroue, my 'n stywe glimlaggie gee en dan nooit weer met my praat nie?

'n Duisend gedagtes het deur my kop gemaal. En ek het besluit ek móét haar sê.

"Ken jy daai Afrikaanse pornotydskrif, *Loslyf*?" het ek gevra.

"Ja," het sy geantwoord. "Hoekom?"

Ek het haar vertel.

"Maar my jinne!" het sy uitgeroep. "Ek het gedink jy lyk bekend. Nou weet ek hoekom!"

Ek was verlig. Daar was geen haat, geen ontnugtering, geen katarsis nie. Sy het amper aangenaam verras gelyk.

147

Sy was nie teen pornografie nie, sê sy toe. Sy voel net dis vieslik, en sy kan dit nie vat nie. Maar sy weet almal wat pornografie kyk, word nie noodwendig verkragters nie.

Dis al wat ek wou weet. My vergifnis het daarin gelê. Ons het vrolik en glimlaggend afskeid geneem; mekaar voorspoed en 'n mooi toekoms toegewens.

Maar vergifnis was nog nie klaar met mý nie. Na al my woede, die brandhelder haat, die ontsettende teleurstelling en die brutale misbruik, het ék verlief geraak.

Op 'n customer.

En nog erger – ek het hom liefgekry ...

## 4. VROUEDAG

Ek het fassinerende mense by die koerant ontmoet, en my base het my op al meer stories uitgestuur wat absoluut niks met die sogenaamde "volwasse" vermaakbedryf of die slagoffers daarvan te doen gehad het nie. Ek het oor alles van outopsies tot astronomie en selfs bome begin skryf. Enigiets wat my belangstelling geprikkel het, kon ek nou eenvoudig gaan ondersoek onder die vaandel van 'n storie vir die koerant. Of die redakteurs nou daarvan hou of nie, 'n verslaggewer hop van onderwerp tot onderwerp soos 'n kind sy ritte in 'n pretpark kies. Ek moes net altyd mooi kon verduidelik hoekom die koerant se kopers die stories sal wil lees.

Die onderwêreld van die seksbedryf is nou net 'n herinnering, het ek gedink toe ek al ses maande lank 'n senior joernalis was.

Die enigste slegte gewoonte wat ek oorgehou het, was my liefdesverhouding met goedkoop rooiwyn. Gelukkig – of ongelukkig – deel baie joernaliste my liefde vir die bottel. Niemand het dus 'n probleem met my voorliefde vir rooiwyn gehad nie.

Maar ék het later 'n probleem daarmee begin ontwikkel.

Ek het begin bekommerd begin raak oor wat sou gebeur as my kind in die middel van die nag siek word en ek half dronk, of hééltemal dronk, hospitaal toe moes ry. Watse soort ma was ek dan? En

149

wat was die oplossing? Matigheid? Net by geleentheid drink?

Nee wat, ek is 'n alles-of-niks tipe mens. Om matigheid voor oë te probeer hou sou geensins vir my werk nie. Ek sou 'n algehele onthouer moes word.

Al wat ek gekort het, was genoegsame motivering en inspirasie. Ek het 'n goeie voorbeeld nodig gehad.

Ek doen toe 'n storie vir die koerant oor hoe 'n mens dit regkry om op te hou drink. Omdat ék wou ophou drink.

By die koerant word ons altyd aangemoedig om een of ander bekende persoon by ons stories te betrek, dus het ek toe 'n paar gaan soek wat dit reggekry het om op te hou drink. (Hulle is nogal skaars, het ek uitgevind.)

Terselfdertyd het 'n ander vreemde ding in my lewe gebeur, wat miskien al eenkeer vantevore gebeur het – amper soos met Donny Osmond. Ek het tot oor my ore toe verlief geraak op iemand met wie ek nog nooit in my lewe gepraat het nie. Iemand wat ek glad nie geken het nie. Iemand met 'n energie wat die hare in my nek laat regop staan het. Ek het hom op TV gesien in 'n program waaroor ek 'n storie moes skryf. Die oomblik toe ek hom sien, wou ek lag en huil tegelyk. Hoekom het ek nie lankal aan hom gedink nie? Dit het vir my gevoel asof ek hierdie man se siel al iewers ontmoet het, en ek het nou geweet ek moes iets by hom gaan haal. Ek móés hom net sien. Ek het ondersoek begin instel. Ek het mense begin uitvra. En hoe meer inligting ek oor hom versamel het, hoe meer het ek geweet ek moes hom ontmoet:

Hy wás 'n customer.

Hy wás 'n alkoholis.

Hy hét 'n crackverslawing gehad.

Hy hét sy eksvrou geslaan.

Hy was dus alles wat my opgefok het.

En hy was dus alles wat my kon gesond maak.

Ek moes hom beleef, uitmekaartrek, inasem, in my opdruk en sy reis – sy gister, sy vandag en sy môre – ervaar en aanvaar.

Ek het sy nommer by 'n kollega van hom gekry en gewag vir die regte oomblik om hom te bel. Ek moes mooi dink, want ek het geweet my lewe sou nie weer dieselfde wees as ek inskryf vir die customer-kursus nie. Ek het hom gebel en hy't kortaf geklink. Die militêre ongeskiktheid in sy stem het aan my bevestig dat ek met die regte persoon besig was.

Ek het hom toe op 'n kombers langs 'n dam ontmoet. Hy was besig om woorde te leer vir 'n toneelstuk waarin hy sou speel. Sy hare was baie kort en sy oë baie groen. En koud, hardvogtig en seer, al het sy gesig gelag.

Ek het op my maag op die kombers voor hom gaan lê en vanagter my sonbril oor hom gekwyl terwyl ek hom uitvra.

Hoe't hy opgehou drink?

Watter raad het hy vir iemand wat wil ophou?

Wat doen hy as iemand hom 'n drankie aanbied?

Elke woord wat uit sy mond gekom het, het gedrup van die feromone. Ek het naderhand nie meer geweet wát om hom te vra nie. Sy woorde het soos warm, nat tonge oor my rug gelek. Selfs my stuitjie het begin sweet.

Dit was wedersyds.

En baie onmiddellik.

Reeds tydens die onderhoud wou hy weet of hy my nie later daai dag kon sien nie. Nog voor ek terug was op kantoor, was daar reeds 'n SMS oor die huppel wat ek weer in sy stap gesit het. Ons het bykans onmiddellik in 'n verhouding ingegly. Ons was klaarblyklik albei ewe gretig om te leer wat ons moes leer. Ons was so verblind deur ons hormone dat seweduisend gloeiende vuurstokers in die hol ons nie sou afsit nie.

Ek het sonder veel moeite ophou drink. Sommer geheel en al. Ons het mekaar gesien wanneer ons kon. Ons het gevry en gepraat en gevry en gepraat; soms baie meer gevry as gepraat, nes enige normale liefdesverhouding gewoonlik begin. Die verskil met ons s'n was dat ons al twee bomme in ons bagasie rondgedra het. Ek moes hoor hoe hy sy vrou geslaan het, van watter dienste hy gebruik gemaak het sodra hy die eerste hit van sy crackpyp gevat het, en hoe hy selfs oor een van sy eks-girlfriends se voete gery het.

Hy moes hoor hoe ek my lyf vir geld verkoop het, hoe ek in klubs rondgedra is omdat ek te dronk en te fucked was om te loop, hoe ek al my vorige boyfriends verneuk het, hoe ek in my duistere verlede nie soggens sonder 'n lyn coke en 'n halwe bottel whisky kon opstaan nie, en hoe ek minder as 'n jaar gelede nog mans vir geld gewank het.

Maar liefde verdra mos alles, dan nie? Of is liefde nie genoeg nie? Dit was mos alles in die verlede en ons altwee het verander.

Dit was nie die stories van die verlede wat 'n probleem was nie. Dit was die gebrek aan vertroue. Wantroue het telkemale op ons skouers kom sit en in ons ore gefluister:

*Eenmaal 'n customer, altyd 'n customer; eenmaal 'n stripper, altyd 'n stripper; hy't nie regtig verander nie, hy's steeds daai ou wat sy vrou geslaan het; sy gaan jou verneuk; gee haar 'n halwe kans dan trek sy weer haar klere uit vir geld.*

Wantroue het by die voordeur ingestap en liefde het homself net duskant 'n beroerte in baklei om in die huis te bly.

Aanvanklik was die verhouding wonderlik. Ons het mekaar omarm en versorg en altwee 'n behoefte aan emosionele intimiteit uitgespreek. Ons wou spesifiek onskuld en emosionele intimiteit in ons verhouding hê. Ons albei het meer as genoeg van sleaze gehad. (Of miskien was dit net ek.)

Maar soos die somer mettertyd winter geword het, het ons verhouding hel geword. Ons was hard besig om te leer, maar telkens het die wantroue weer aan die deur geklop.

Ek moes by mense hoor:

*Oppas, hy gaan jóú ook bliksem, wag maar net.*

Hy moes hoor:

*Sy gaan jou uitspoeg, sy's te wild vir jou.*

Skaars drie maande in die verhouding in het die geskreeu begin – net omdat ek hom gevra het om stadiger te ry. Ons was op pad Hartbeespoortdam toe. Dit was in die aand en hy kan nie goed sien in die donker nie. Ek onthou die gevoel wat ek gekry het toe hy op my geskree het; dit het dadelik herinnerings aan my tienerjare in my ouerhuis opgeroep. Ek het diep in my hart geweet ek sou nooit met 'n man kan trou wat skree nie, en ek het heimlik gewonder of dit die eerste teken van 'n sneeubal was wat al hoe groter sou word. Ontnugtering het soos sooibrand op die krop van my maag kom sit.

Maar ek was nog baie verlief.

Die customer het teenoor my erken dat hy 'n moerse probleem het om sy humeur te beteuel – al van kleins af. Hy't my vertel wat hy alles aan sy vorige girlfriends gedoen het. Steeds het ek geglo dat hy dit nie aan mý sou doen nie. Ek onthou die verleentheid wat hy in restaurante veroorsaak het toe kelners verkeerde bestellings gebring het of nie vinnig genoeg na sy sin beweeg het nie. Ek het dikwels my aptyt verloor en daar was dikwels 'n scene. Ek het stelselmatig moeg geword daarvoor om hom altyd te probeer kalmeer.

Namate die verhouding gevorder het, het ek ook besef die man kon nooit lank genoeg stilsit, stilbly en kalm bly om 'n normale, rasionele gesprek te voer nie. Ek kon nie met hom praat nie.

Al wat ons oorgehad het, was seks.

Seks was die basis van ons verhouding. En dit was great. Maar seks was nie genoeg nie. Seks is nooit genoeg nie.

Uiteindelik het die geskree geweld geword. Hy't goed begin rondgooi en na my geslinger, my sitkamertafel omgegooi, en ek het bang begin word. Op Vrouedag, kort voor my verjaardag, het hy sy kamerdeur uit die kosyn probeer ruk, sy DVD-kas na my gegooi dat dit my rakelings gemis het en geskree dat hy my tjello in stukkies sou opkap indien ek uit sy huis durf loop. Hy't soos 'n mal dier op en af gehardloop, om die neus en mond begin skuim, my rondgestamp, my op sy bed neergegooi, my aan my mond gebyt, my met my sak teen my kop gegooi, maar my nooit in die gesig geklap nie. Gelukkig was Wanya nie by nie.

Hy't eenkeer ná 'n koppiegooi-insident en nadat ek 'n angsaanval (my eerste in tien jaar) daaroor gekry het, vir my gesê hy sou sommer nóg koppies gaan koop en hulle óók stukkend gooi omdat dit hom so goed laat voel het.

En die oorsake van sy tantrums? Elke keer 'n leuen. Sodra ek hom met 'n leuen gekonfronteer het, het hy mal geraak. En hy't baie leuens vertel. Veral oor die vorige vroue in sy lewe.

Ná die Vrouedag-uitbarsting was ek woedend oor die bykans jaar lange bombardering, die verwarring, die emosionele en fisieke mishandeling. Ek het die storie koerant toe gevat.

Dis omdat vroue stilbly oor mishandeling dat mans soos hy dink hulle kan daarmee wegkom. Ek het geglo ek sou die hele vroulike geslag verraai en 'n slegte voorbeeld vir my dogter stel indien ek hom sou toelaat om met sy mishandelende gedrag weg te kom.

Ná die koerantberig het iemand my vertel van MURAL, 'n ondersteuningsgroep vir mishandelende mans, en ek het hom oortuig om by die groep aan te sluit. Hy het. Ek het hom ook oortuig dat hy 'n psigiater moes gaan sien. Hy het. Die psigiater het medikasie voorgeskryf en my probeer oortuig dat hy oor ses maande 'n ander mens sou wees.

Hy was na drie maande steeds nie 'n ander mens nie. Nie eens effentjies nie. Hy kon steeds nie kommunikeer nie en het konstant op my bly skree.

Ek moes geweet het dat hy nooit sou verander nie; dat hy nie kón verander nie.

Maar die waarheid is: ek was lief vir die *idee* van hom, lief vir die *idee* dat hy my nodig gehad het, en lief vir die *idee* om te bly hoop. En glo. (Dis nogal ironies dat ek *geloof, hoop* en *liefde* op my rug laat tatoeëer het 'n paar maande voor ek hom ontmoet het.)

Wat ek moes leer, was om nee te sê en daarby te hou en hom nie weer terug te vat elke keer nadat ons opgebreek het nie. Ek het besef dat ek hom nooit onvoorwaardelik sou kon liefhê soos hy was nie, en ek kon hom nie verander nie.

En toe gebeur dit. Een oggend het ek net geweet die skeiding het gekom – ek was klaar met hom. Alles in my lewe was besig om te floreer. Sonder hom.

In die Boeddhisme is daar 'n beskrywing daarvoor: *detachment*. Hy het my ego seergemaak, maar nie my kern nie. Hy kon eenvoudig nie aan my kern raak nie. My siel was oukei en onaangeraak deur hom.

Biodanza het my ook baie gehelp om te besef my siel en my ego is twee verskillende goed. Toe kon ek nee sê en daarby hou. Toe kon ek sy smekende SMS'e finaal ignoreer. My hart het klip geword en my respek vir hom het verdwyn.

Stelselmatig het ek geleer dat die verhouding al die pyn werd was, want ek het gesien hoe baklei hy homself moedeloos teen sy eie demone, hoe hy weer en weer en weer probeer, hoe hy vir berading gaan, hoe hy swoeg om van homself 'n beter mens in sy eie oë te maak, hoe hy vieruur soggens gym toe gaan, hoe hy soos 'n weermagkolonel vir homself sê hy mag nie beheer verloor nie, hy mag nie ontplof nie, hy móét sy aggressie onder die knie kry.

Ek het ook sielkundiges gaan sien, my kop gebreek oor wát mans in stripklubs soek, hoekom kommunikasie tussen mans en vroue nie na behore bestaan nie en wat ek daaraan kon doen. Ek het myself probeer vergewe vir die huwelike wat ek beskadig of selfs verwoes het. Ek het die customers probeer verstaan en met my pogings opgestaan en geval, die customer in my lewe gewantrou, geklap, probeer breek, weer teruggegaan, weer geval en weer opgestaan. Ek het probeer verstaan hoekom ek myself laat verkrag het by die Streelkasteel, myself probeer vergewe daarvoor, my eie woede probeer temper.

155

My genesing, het ek agtergekom, lê eenvoudig hierin:

Ons is almal besig met 'n reis.

Ek, al die customers, die hoere, die strippers, die vuilbekke, die verneukers, die wankers, die drug dealers, die vroue wat by die huis sit en huil omdat hulle mans in stripklubs sit, die crack-hoere, die geslaande vroue – en my eie customer.

En ek het nooit gestop om te dink dat die customers ook siele op reis is nie. Ek het hulle varksige optrede persoonlik opgeneem. Ek het nie besef dat die stripklub-ervaring, die vrou-verneuk-ervaring maar net deel was van hulle reis nie. En wie is ek om enigiemand se reis te oordeel?

Elke ervaring op elke mens se lewenspad is 'n geleentheid om te groei, en om detachment toe te pas is die enigste manier hoe jy dit gaan oorleef. Beleef jouself soms in die derde persoon. Staan terug en let op wie jy is.

Vir my is daar net een manier hoe ek kan loskom van my ego, en dis deur te dans. So, ek het eintlik al die tyd die regte ding gedoen, maar in die verkeerde omgewing.

En die siele wat in stripklubs sit en "Wys jou muis!" skree, moet maar skree tot hulle blou word. Sommige siele moet eers varke wees om te kan leer hoe om nié varke te wees nie. Ek móés myself eers verkoop om te kan leer hoe om myself nié te verkoop nie.

As jy kan groei sonder om 'n enkele mens om jou óf jouself seer te maak, is jy nie 'n mens nie.

Ek sal nooit weer 'n stripklub kan ondersteun nie. Ek kan nie meer aandadig wees aan die simptoom van customers se onvermoë om aan hul verhoudings of huwelike te werk nie. Dis in hulle hande. Sonder my.

Wat wel waar is, is dat die menslike gees amper enigiets op aarde kan oorleef.

Ek is die lewende bewys daarvan.

Ek glo steeds dat ek die vermoë het om op 'n man verlief te raak en hom met oorgawe en hartstogtelik lief te hê. Liefde en getrouheid is eenvoudig 'n keuse wat daagliks gemaak word en lewendig gehou word deur die twee mense se daaglikse opgewondenheid daaroor. Opgewondenheid is ook 'n keuse, en diegene wat daardie keuses probeer handhaaf, verdien 'n kans om dit te laat slaag.

Ek weet nie of liefde vir ewig hou nie.

Ek weet ook nie of dit soveel saak maak nie.

Af en toe is 'n oomblik 'n leeftyd lank.

Wat my betref, is daar nie 'n happy ending vir my storie nie, want dis nog lank nie die einde nie.

Al wat ek kan doen, is om by my eie ritme te probeer hou – aan te hou om die agony en die ecstasy deur my lyf te laat woed terwyl my voete vorentoe en iewers heen beweeg.

En ek is nie alleen nie. Ek is saam met almal wat in die ekstase van pyn en plesier lewe.

Dis 'n ritme wat nooit ophou nie.

En ek wil wéés. Ek wil dáns.

# NASPEL

"So wat dink jy?" vra sy bekommerd.

"Jy hét my al gevra," sê hy terwyl hy besig is om sy skootrekenaar op te pak.

"Dan's dit nou tyd dat jy my sê," dring sy aan, haar oë ondersoekend op hom gerig. "Ons is mos klaar."

"Ek dink liefde is," sê hy en blaai deur 'n paar bladsye van sy notaboekie om sy gedagtes te orden en te verfris.

Sy wag totdat sy nie meer kan nie. "Liefde is wát?" wil sy by hom weet. "Jy't nie jou sin voltooi nie."

"Ek het," sê hy en haal sy skouers op. "Liefde *is*. Net dit. Dis wat jy ook al daarvan maak. En jy kan nie daaroor in die derde persoon besluit nie. Jy moet dit in die eerste persoon bepaal en daarin belééf. En ek dink nogal jy hét."

"Beleef wat liefde is? Ek dink nie ek het al ooit iemand só liefgehad nie."

"Dis waarskynlik goed: jy't dan nog iets oor om te verken. Dink jy jy sal kan?"

Karin aarsel nie eers nie. "Ek sal graag wil," sê sy. "Dis nie dat ek mans haat nie. Ek's lankal verby dit; jy vergiftig net jou eie gemoed as jy kwaad bly of 'n wrok koester. Dis nes geloof en hoop, seker; daar kan nie ego by betrokke wees nie. Tog moet jy eers jouself kan liefhê voordat jy iemand anders daarmee kan omarm. Ek weet ek het dit al gesê, maar ek wil dit graag beklemtoon. Ek glo dit *rêrig*. En selfliefde is nie selfsug nie. Dit soek nie sy eie belang nie. Dit lieg nie, dit bliksem nie, dit kraak nie af nie en dit fok nie op nie."

Sy lag skielik. "Jy moenie toelaat dat my algemene taalmisbruik 'n vuilbek van jou maak nie!"

Carel skud sy kop. "Hoe proe jy as jy nooit jou bek vuilmaak nie? Smaak is nie terreingebonde nie. Glo my, ek's vuilbek gebore – eerder vol maak en vuilmaak as droog en skoonbek sit."

"Gaan jy dit so skryf?" vra sy.

"Ja," antwoord hy. "Net so."

"Dan's ek bly," sê sy. "Dis eintlik goed jy's hier; sonder jou sou ek gesukkel het om baie van die plekke waar ek was weer in my kop te besoek."

Sy staan op. "Weet jy wat is snaaks? Jy's die eerste man voor wie ek myself hééltemal ontbloot het. Ek het my laaste skootdans op jóúne gedoen."